Knut Elstermann

Gerdas Schweigen

Schriftenreihe Band 650

Knut Elstermann

Gerdas Schweigen

Die Geschichte einer Überlebenden

bpb:
Bundeszentrale für politische Bildung

Die Abbildungen stammen aus dem Archiv des Autors.

Das Foto S. 149 ist dem Buch von Helena Kubica „Man darf sie nie vergessen. Die jüngsten Opfer von Auschwitz", Staatliches Museum Auschwitz-Birkenau, Oświeçim 2002, entnommen.

Das Zitat von Charlotte Delbo S. 7 stammt aus dem Band „Trilogie", © Stroemfeld / Roter Stern, Basel / Frankfurt a.M. 1970.

Bonn 2007
Lizenzausgabe für die Bundeszentrale für politische Bildung
Adenauerallee 86, 53113 Bonn

2. durchgesehene und korrigierte Auflage, 2006

Lektorat: Ingrid Kirschey-Feix
Umschlaggestaltung: Michael Rechl, Kassel
Umschlagfoto: © agk-images / Jost Schilgen
Satz: Greiner & Reichel, Köln
Druck und Bindung: Clausen & Bosse, Leck

ISBN 978-3-89331-806-3

www.bpb.de

Für Lisa und Lukas

Ihr möchtet wissen
Fragen stellen
und ihr wisst nicht, welche Fragen
und ihr wisst nicht, wie die Fragen stellen
deswegen fragt ihr
einfache Dinge
der Hunger
die Angst
der Tod
und wir wissen nicht, zu antworten
wir wissen nicht, mit euren Wörtern zu antworten
und unsere Wörter
versteht ihr nicht
...

Charlotte Delbo

Tante Gerda aus Amerika kam zu Besuch. Den Namen Gerda mochte ich, weil er mich an die kleine Heldin aus der Schneekönigin erinnerte, eines meiner Lieblingsmärchen, und Amerika war noch viel fantastischer und unvorstellbarer als das ebenfalls unerreichbare Westberlin. Meine Mutter hatte mir ein weißes Hemd angezogen und mir sicher eingeschärft, einen tiefen Diener zu machen, damals brachte man kleinen Jungen noch so etwas bei, und mich nicht »vorlaut« in das Gespräch der Erwachsenen zu drängen. Vor allem sollte ich Gerda nicht nach dem KZ fragen und mit keinem Wort das Baby erwähnen, das dort, man könne sich das kaum vorstellen, zur Welt gekommen sei. Der durch das strikte Verbot übergroß gewordenen Versuchung bin ich dann doch erlegen.

Für diesen besonderen Tag hatte meine Großmutter das gute Geschirr aus dem dunkel gebeizten Wohnzimmerschrank genommen. In seinem verglasten Mittelteil standen die wenigen Gegenstände, denen sie einen gewissen Wert beimaß, doch nichts davon hatte eine authentische, mit ihr verbundene Geschichte. Alles war nachträglich angeschafft worden, so wie die Familienfotos an der Wand. Sie hatte diese Bilder nach dem Krieg kategorisch von Verwandten, denen sie einst geschenkt worden waren, zurückgefordert, und sie war keine Frau, der man sich widersetzte.

Meine Großmutter besaß nichts aus der Zeit vor 1945. Vielleicht sprach sie deshalb so gern und anschaulich über die Vergangenheit. Die immer wieder erzählten Anekdoten waren der Ersatz für die kostbaren Erinnerungsstücke, die sie nicht besaß. Sie holte diese Geschichten hervor wie andere Leute ihre Alben.

Auch die winzige Porzellan-Schatulle mit dem Bild des Kopenhagener Rathauses auf dem Deckel hatte ihr jemand viele Jahre nach dem Krieg geschenkt. Sie hing an diesem Souvenir. Es erinnerte sie an ihre einzige Urlaubsreise ins Ausland. Mit einem »Kraft-durch-Freude-Schiff« war sie in die dänische Hauptstadt gefahren und schwärmte noch nach Jahrzehnten von der Sauberkeit und Freundlichkeit der Bewohner. Das Kästchen blieb, da es viel zu klein war, um irgendeinen Zweck zu erfüllen, stets im Schrank, ebenso wie die auf wackligen, geschwungenen Sockeln stehenden Sammeltassen, die man sich damals, gefüllt mit Konfekt, gern zu besonderen Anlässen schenkte. Das Service mit den aufgemalten Rosen aber hatte sie Stück für Stück aus der Vitrine herausgeholt, mit einer Hand sich auf die Stuhllehne stützend, mit der anderen mühsam den Tisch deckend. Alles hatte fertig zu sein, wenn die ersten Besucher eintrafen. Nur die große Schüssel mit den wunderbar duftenden Buchteln wurde später herein getragen, jenes faustgroße, mit Marmelade gefüllte Hefegebäck von der Form eines Pflastersteins, dessen im Ofen nach oben gerichtete Seite goldbraun gefärbt war. Das Rezept dafür stammte aus der »Tschechei«, wie meine Großmutter sagte. Meine Eltern hatten für dieses Land einen anderen, für mich unaussprechlichen Namen – Tschechoslowakei. Damals wunderte ich mich noch nicht, warum diese Urberlinerin ein tschechisches Gericht so vollkommen zu backen verstand. Mir genügte die Ahnung vollauf, dass es etwas mit der Vergangenheit zu tun hatte.

An die Tülle der schlanken Kaffeekanne hatte Großmutter mit zwei gespannten, dünnen Gummis eine kleine Kunststoff-Walze befestigt. Ich beobachtete fasziniert, wie sich dieses Röllchen bei jedem Eingießen mit einigen Resttropfen vollsog, bis mich die Gespräche der Erwachsenen mehr zu fesseln begannen.

Der Krieg in Vietnam wurde diskutiert, ein Ereignis am anderen Ende der Welt, an dem ich doch fast täglich Anteil nahm, durch die Bilder in den Zeitungen oder durch unsere Solidaritätsaktionen. Als Junge Pioniere sammelten wir fleißig Altstoffe, um mit dem Erlös dem kämpfenden Volk zum Sieg zu verhelfen. Gerda sagte, sie fürchte, der Krieg könne so lange dauern, dass irgendwann ihr Sohn, der ja jetzt noch ein Kind sei, auch eingezogen und nach Vietnam geschickt werden würde. Hier war am Kaffeetisch plötzlich von Dingen die Rede, die ich zu kennen meinte, und dass sie auch im Unterricht verhandelt wurden, gab mir den Mut zu jener Frage, die ich noch jahrelang bereute.

Meine Mutter ist heute fest davon überzeugt, dass sie bei diesem Treffen mit Gerda Mitte der sechziger Jahre in Großmutters Wohnzimmer nicht dabei war. Sie hätte Gerda seit deren Auswanderung nach Amerika überhaupt nicht mehr getroffen. Ich sehe sie aber mit uns am Tisch sitzen, und vielleicht irre ich mich nicht. Sie könnte dabei gewesen sein, heimlich, ohne meinen Vater einzuweihen. Dann hätte sie mich und sich selbst zu einem so strikten Schweigen verpflichtet, das ihre Erinnerung an den Nachmittag völlig unter sich begraben haben könnte. Mein Vater arbeitete bei der Volkspolizei. »Westkontakte« waren streng verboten. Und dies war nicht einfach nur eine der für alle peinlichen zufälligen Begegnungen in Großmutters Wohnung mit einigen Westberliner Verwandten, die er nicht ganz vermeiden konnte und nach einigen belanglosen Sätzen durch plötzlichen Aufbruch abrupt beendete. Gerda kam nicht einfach aus dem Westen wie meine gemütliche, rundliche Großtante Hilde, die sanftmütige Schwester meiner Großmutter. Gerda kam aus Amerika und benutzte so komische Worte wie »Sektorengrenze«, von der sie zu berichten wusste, sie sei ohne Probleme passierbar gewesen. So etwas sagte niemand meiner Onkel oder Tanten.

Gerda erinnerte sich fast vierzig Jahre später daran, dass sie mir Schokolade mitgebracht habe, die ich an Ort und Stelle aß, weil ich sie nicht mit nach Hause nehmen durfte, und fragte ohne sichtbare Bewegung, ob mein Vater noch immer ein Nazi sei. Sie hatte geglaubt, er habe sie deshalb gemieden. Wie immer, wenn sie solche Unterscheidungen trifft, war ihr Ton ganz nüchtern, als sei sie gar nicht unmittelbar betroffen, sondern kategorisiere eben Erscheinungen der Natur: Judenfeind oder Judenfreund, Nazi oder Nicht-Nazi.

Ich war erschrocken, beeilte mich, ihr zu versichern, Vater sei zu Kriegsende doch noch ein Kind gewesen. Aber nach längerem Nachdenken fielen mir einige Vorfälle ein, die ihren Verdacht nicht mehr völlig absurd erscheinen ließen. Dann wäre es nicht nur die Disziplin der bewaffneten Organe, die Pflicht zu absoluter Wachsamkeit und Geheimhaltung jedem Vertreter des Westens gegenüber gewesen, die ihn fernhielt. In seinem von der antifaschistischen Umerziehung in der Nachkriegszeit gereinigten Bewusstsein schwammen noch immer düstere Reste von Vorurteilen, die ihm in der Kindheit eingeflößt worden waren. Auf langen Autofahrten in unserem Trabant sang er manchmal aus vollem Hals das Liedgut seiner an Wandlungen reichen

Jugend herunter, beginnend mit schmetternden Nazi-Märschen bis zu vom Aufbau-Pathos erfüllten, sozialistischen Hymnen. Selbst maoistische Lobgesänge gehörten zum Repertoire, das mich, der ich auf der engen Rückbank saß, nicht nur wegen der kruden Texte, sondern wegen der unglaublichen, wenn auch sinnlosen Gedächtnisleistung meines Vaters staunen ließ.

Durch ein Opernanrecht kamen wir monatlich in den Genuss einer Vorstellung in der Komischen Oper. So geriet mein Vater in den »Fiedler auf dem Dach«. Das Musical war im Stile Chagalls inszeniert worden, sehr bunt und jüdisch-folkloristisch. Am Ende brach die Dekoration auseinander, künftige Verfolgung symbolisierend. Ich glaube, die Aufführung war damals ein Hit in Ostberlin. Mich beeindruckte sie tief. Mein Vater saß die ganze Zeit über mit verschränkten Armen da und rührte keine Hand, was ich überhaupt nicht verstehen konnte und auf einen möglichen Streit mit meiner Mutter zurückführte. Viel später verstand ich die Ursache für seine schlechte Laune, konnte mir aber nie erklären, wie das zusammenging: in der Partei sein, für den Sozialismus eintreten und zugleich mit Antisemitismus behaftet sein. Die Ansichten standen völlig unverbunden neben einander, hoben sich nicht auf, stellten sich nicht in Frage. Sicher wucherten die Vorurteile nur an der Oberfläche; sobald ich oder mein Bruder energisch und betroffen widersprachen, zog er sie zurück oder gab sie als bloße Floskeln, leere rhetorische Figuren zu erkennen, die sich aus einer größtenteils in Nazi-Heimen verbrachten, bindungsarmen Kindheit erhalten hatten.

Kurz vor seinem Tod verblüffte mein Vater uns mit der Absicht, nach Israel fahren zu wollen und signalisierte damit endlich ein Umdenken. Er, dem militärische Strukturen immer Sicherheit gaben, der die Zeiten als kasernierter Polizist in den fünfziger Jahren als seine glücklichsten ansah, hätte Israel, in dem die Armee ein Netz von Verbindungen und Verbindlichkeiten schafft, sicher gemocht. Ich habe dort nicht wenige Männer getroffen, die meinem Vater sehr ähnelten und die seine Freunde hätten sein können.

Gerda hatte mir damals außer der Schokolade auch ein schwarz lackiertes amerikanisches Polizeiauto mitgebracht, ohne etwas von der Ironie dieses Geschenkes zu ahnen. Es war doch meiner kindlichen Ansicht nach vor allem die Polizeizugehörigkeit meines Vaters, die dem Treffen für mich und für meine Mutter, wenn sie denn dabei gewesen ist, etwas Konspiratives verlieh. Obwohl mich Spielzeugwagen nie interessierten, hütete ich dieses nach Hause geschmuggelte Blechauto lange. Es hatte etwa dieselbe Magie wie eine leere Cola-Dose, die monatelang auf dem Regal meines Bruders verstaubte, banale Gegenstände, die durch die Aura westlicher Herkunft geadelt wurden.

Wir hatten also eine Tante in Amerika. Sie war zehn Jahre jünger als meine Großmutter und zehn Jahre älter als meine Mutter. Gerda, diese kleine Frau mit dem halblangen, braunen Haar, dem sie wie in den Sechzigern üblich durch Toupieren üppige Fülle verliehen hatte, den freundlichen Augen und der vollkommenen Natürlichkeit eines ungeziert bescheidenen Menschen kam aus der Wolkenkratzer-Stadt New York, für uns ein außerirdischer Ort, in die Ostberliner Wohnung meiner Großmutter. Alle nannten sie »Tante« Gerda, in den Familiengeschichten wurde ihr dieser Titel verliehen, und ich genoss es, eine leibliche Verwandte in New York zu besitzen, obwohl ich ahnte, dass dies nicht stimmen konnte.

Später, als ich es schon genauer wusste, hielt ich diese Illusion gern aufrecht, denn sie gab mir das trügerische, aber doch

Meine Großmutter besaß nichts aus der Zeit vor 1945. Vielleicht sprach sie deshalb so gern und anschaulich über die Vergangenheit. Das Foto zeigt sie in den frühen dreißiger Jahren.

tröstende Gefühl, durch diese Verbindung auf der Seite der Opfer zu stehen, statt im beschämenden familiären Verbund mit den Tätern. Sie war keine wirkliche Tante für mich, es bestanden überhaupt keine verwandtschaftlichen Beziehungen zwischen unserer großen Familie und ihr, aber feste Bindungen zu meiner Großmutter, zu deren Schwester, meiner Tante Hilde, und den Kindern der beiden Frauen. Gerda musste sich früher, das war an diesem Sonntagnachmittag immer spürbar, inmitten dieser Menschen sehr wohl gefühlt haben, bis sie durch irgendetwas aus dieser Gemeinschaft herausgerissen, vereinzelt und tief verletzt worden war, wovon ich zu dieser Zeit noch keine klare Vorstellung besaß. Jemand, vielleicht meine Großmutter oder meine Mutter, hatte mir davon erzählt und zugleich jenes Verbot ausgesprochen, das ohnehin nur Halbverstandene jemals in ihrer Gegenwart zu erwähnen. Es war mir also bewusst, dass meine Frage an sie eine unerlaubte Übertretung bedeutete. Ich stellte sie dennoch, vielleicht weil ich ahnte, dass ich mir damit inmitten des fröhlichen, belanglosen Erwachsenenlärms dieser Kaffeetafel ganz sicher Gehör verschaffen konnte.

Meine Mutter, meine beiden Tanten und der Onkel waren alle Lehrer geworden, weil meiner allein stehenden Großmutter die »Volksbildung« als etwas Grundsolides erschienen war, in dem das alte, bürgerliche Beamtentum in gewisser Weise im Sozialismus weiter existierte und Sicherheit versprach. Die versammelten Lehrer der Familie sprachen grundsätzlich sehr laut und bestimmt, immer durcheinander und hörten anderen nur selten zu. Ich musste mir also, wenn ich bemerkt werden wollte, schon etwas einfallen lassen, das sich dröhnend niederschlug, und glaubte sogar, eine Formulierung gefunden zu haben, die das Frage-Verbot meiner Mutter geschickt umging, indem sie das rätselhafte Vergangene nicht eigentlich erwähnte.

»Du hast also wieder ein neues Kind, Gerda?« Es war sofort still am Tisch.

Sie sah mich völlig verständnislos an, so als enthalte die Frage für sie nicht den geringsten Sinn, als müsste sie, wenn sie denn doch eine Bedeutung besitze, an eine ganz andere Person gerichtet werden, aber an niemanden hier im Raum. Keine Antwort, nur dieser kurze Blick, der nichts ausdrückte außer die entschlossene Abwehr einer falschen Frage. Ich fühlte mich zu Recht für vorlautes Auftrumpfen bestraft, verstand dennoch nicht, was so falsch sein konnte an einer Frage, deren Antwort ich doch zu wissen meinte und die ich nur gestellt hatte, um mich meiner amerikanischen Tante zu nähern. Ich war verwirrt und tief beschämt. Wir haben an diesem Nachmittag kein Wort mehr miteinander gesprochen, aber damals saßen Kinder in größeren Runden ohnehin meistens still und hatten nur zu reden, wenn sie gefragt wurden, was selten geschah. Mein Schweigen fiel nicht auf.

Die Peinlichkeit dieses gescheiterten Versuchs, sich durch eine überflüssige Frage ins Gespräch zu bringen, wirkte bei mir noch lange nach, ebenso wie das frühe Erstaunen eines Kindes darüber, dass die Erwachsenen auf die einfache Feststellung einer offenkundig richtigen Tatsache so unverständlich reagieren konnten. Es mussten Dinge geschehen sein, die ich mir nicht vorzustellen vermochte und die ganz sicher nicht an diesen Tisch gehörten.

Am liebsten saß ich mit meiner Großmutter in der Küche und hörte ihr zu. Sie war eine kleine Frau, die mit den Jahren immer mehr, fast zusehends schrumpfte, so dass ich manchmal, wenn sie mir die Tür öffnete, erschrak, weil sie noch winziger zu sein schien als nur wenige Wochen zuvor.

Das Gehen, eine automatisierte Tätigkeit, an die ein gesunder Mensch keinen Gedanken verschwendet, quälte sie ein Leben lang und war ständig Gegenstand fruchtloser Erwägungen, die zu immer neuen, unbegründeten Hoffnungen und zu tiefer Verzweiflung führten. Bei einem der seltenen Ausflüge, die ich mit ihr unternahm, bat sie mich, kühle, grüne Blätter zu sammeln, weil sie gelesen habe, diese könnten, auf die Knie gelegt, den Schmerz lindern. Selbst als sie schon hoch betagt war, erwog sie ernsthaft, sich die Knochen brechen zu lassen, die so eine zweite Chance erhalten sollten, besser zusammenzuwachsen und ihr endlich ein problemloses Laufen zu ermöglichen. Jeder Schritt ihrer verkrümmten Beine – Folge der Mangelernährung in den Kindheitsjahren des Ersten Weltkrieges – war eine anstrengende Aufgabe, die ihren ganzen Körper in eine heftig schwankende Bewegung versetzte, und der sie sich mit nie nachlassender Energie stellte. Hier in ihrer kleinen Küche war sie Herrin über den unsicheren Gang, denn der Tisch, die Nähmaschine, das gemütliche Sofa, der Herd, der Stuhl und der alte Küchenschrank standen in so geringem Abstand voneinander, dass sie sich als Geh-Hilfen über die gesamte Distanz anboten. Ohne Stock, unterstützt von sicheren, jahrelang eingeübten Griffen auf Möbelvorsprünge und Lehnen, überwand sie den Raum mit erstaunlicher Wendigkeit. Niemals hätte sie sich hier einen Weg abnehmen lassen. Sie selbst goss das Wasser in den Kessel und setzte es auf die Flamme, holte den Kaffee aus dem Schrank und zählte die gewaltig gehäuften Löffel in die Kanne, Schwindel erregende, mit einer Prise Salz versetzte Mengen, ein pechschwarzes Gebräu ergebend, das Jüngere in Herzbeklemmung versetzen, ihr aber nicht das Geringste anhaben konnte.

Beim Blick aus dem Küchenfenster übersah meine Großmutter die Schauplätze von Jahrzehnten ihres Lebens in Berlins Mitte. Zerstört und durch einen Spielplatz ersetzt worden war hier nur das Eckhaus, in dem es vor den Bombennächten eine von ihrem Mann gern besuchte Kneipe gegeben hatte. Ein paar Mal war sie umgezogen, aber immer in einem engen Umkreis, mehr als achtzig Jahre spielten sich auf diesen wenigen städtischen Quadratmetern ab, unterbrochen nur von ihrer Abwesenheit im Krieg, und als sie danach in diese Gegend zurückkehrte, konnte sie gar nicht fassen, dass die Bomben ihr geliebtes Areal an der Volksbühne zwar oft getroffen, aber nicht unkenntlich gemacht hatten.

Ihre Küche war der Ort für unangekündigte Besucher unter der Woche, für ausufernde Gespräche, deren Länge man erst be-

Mehr als achtzig Jahre, ihr Leben spielte sich auf wenigen städtischen Quadratmetern ab. Mit Großmutter bei meiner Einschulung 1967, den Anzug hat sie genäht.

merkte, wenn die Dunkelheit sich ausbreitete. Am Sonnabend oder Sonntag haben wir hier nie mit ihr gesessen, denn da wurde die Tafel im Wohnzimmer gedeckt, an die sich der Gast, von dem absolute Pünktlichkeit erwartet wurde, zu setzen hatte. Hier kam nur Filterkaffee auf den Tisch, in der Küche brühte sie gleich »türkisch« in die Tassen und überließ sich den Zufälligkeiten des Gesprächs. In der Küche wurde geplaudert, im Wohnzimmer hingegen betrieb sie so etwas wie Konversation, bei der sie ihrem urwüchsigen Berlinern leichten Zwang antat.

Für beide Schauplätze ihrer kleinen Wohnung aber galt die Pflicht zum Austausch, Schweigen wurde von ihr als Störfall angesehen. Wer zusammensitzt, muss auch reden. Viele ihrer Geschichten, die sich mir so tief eingeprägt haben, hat sie wohl deshalb so oft vor mir ausgebreitet, als Mittel gegen die Stille. Auch Gerdas Geschichte gehörte dazu. Vielleicht erzeugte sie in ihr eine besonders quälende Stille, wenn sie nicht erzählt wurde. Immer wieder zeichnete sie die Lebensstationen ihrer Freundin nach, malte das herzliche Verhältnis der beiden Familien im alten Berliner Osten aus, der bei ihr als nostalgisch geschönte, längst verschwundene Heimat erschien, eine arme, proletarische Gegend, in der es noch Wärme und Zuwendung gab. Der vornehme Berliner Westen hätte sie schon damals nicht besonders interessiert, nur selten sei sie zum Ku'damm gefahren, erzählte sie mir, der ich bis zu meinem dreißigsten Lebensjahr diese einstige Prachtstraße nicht gesehen hatte.

Über ihrem Bett hing der Holzschnitt eines jungen Mädchens mit traurigen Augen und langem dunklem Haar, das sein schmales, schönes Gesicht einrahmte. Ich fragte sie einmal, wer das sei, und meine Großmutter antwortete, dies sei Anne Frank, deren Name ich da zum ersten Mal hörte. Der Druck hatte nicht die geringste Ähnlichkeit mit den Fotos, die ich später von Anne Frank sah, aber weil ich ihre Geschichte vor diesem Bild hörte, verband es sich für immer mit dem Schicksal des Mädchens, als sei das schwache Kunstwerk authentischer als die historischen Aufnahmen. Anne sei Jüdin wie Gerda gewesen und nur deshalb verfolgt und ins KZ gebracht worden. Großmutter erzählte dies, als hätte sie das Mädchen selbst gekannt. Ihr Tonfall war derselbe, ob sie von Anne Frank oder von Gerda sprach, und er beunruhigte mich. Unschuldige Menschen wurden einfach abgeholt und verschleppt, ein plötzliches, spurloses Verschwinden wie im schlimmsten Kinderalptraum.

Als ich Gerda nach dem Mauerfall zum ersten Mal in New York besuchte, in einer von vielen jüdischen Emigranten bewohnten

Gegend im Norden Manhattans, hatte ich noch nicht den Wunsch, ihre Lebensgeschichte von ihr selbst zu hören, vielleicht weil ich meinte, sie durch meine Großmutter ganz gut zu kennen. Ich hätte es auch gar nicht gewagt, nach ihrem Berliner Leben zu fragen, nach Auschwitz, nach dem Kind, das es doch ganz sicher gegeben haben musste, auch wenn es an jenem Nachmittag in Ostberlin nicht erwähnt werden durfte. Gerdas Schweigen über dieses kurze Leben war lang, es dauerte noch an, als ich sie in New York traf.

Sie hatte sich mit mir in den unweit ihrer Wohnung gelegenen »Cloisters« verabredet, weil sie meinte, europäische Besucher müssten sich in dieser Außenstelle des Metropolitan wohl fühlen. Das Museum hatte hier aus vielen Ländern der alten Welt Teile von Klostergebäuden zusammengetragen und aus den Wandelgängen, Kapellen und Hallen eine Art Idealkloster errichtet, das ein bisschen unheimlich ist, denn es entspricht zu vollkommen der abstrakten Vorstellung von einem solchen Gebäude.

Wir saßen in einem Kreuzgang und sahen auf einen nach mönchischen Regeln angelegten Kräutergarten, den es so auch im mittelalterlichen Europa gegeben haben könnte. Diesmal sprach Gerda von selbst. Ob ich wisse, was mit ihr geschehen sei. Ich hatte nur diesen Nachmittag in New York frei, war von der Frage völlig überrascht und reagierte hilflos und befangen. Ja, ich wüsste es, sagte ich, und es klang, als sei kein weiteres Gespräch darüber nötig. So redeten wir über die Verwandten in Berlin, über meine Großmutter und ihre vier Kinder und deren Kinder, zu denen auch ich gehöre, sortierten die unübersichtlichen Familienzusammenhänge.

Später fragte ich mich immer wieder, ob sie an diesem Nachmittag wirklich über die Vergangenheit hatte sprechen wollen und ärgerte mich über meine vorschnelle, abweisende Antwort. Aber sicher hatte sie damals gar nicht die Absicht zu erzählen. Sie wollte wohl in Erfahrung bringen, was ich wüsste, womit ich sie und ihren Mann unvorsichtig konfrontieren könnte. Sam lebte damals noch, er erwartete uns zu Hause zum Essen, bei dem ich eine erste Ahnung von dem schwierigen Verhältnis zwischen dem Vater und seinem abwesenden Sohn bekam.

Erst schimpfte Sam ausführlich über die New Yorker U-Bahn und meinte, ihr Zustand sei der größten Stadt der Welt unwürdig. Ich versuchte erst gar nicht, ihm zu sagen, dass es inzwischen viel größere Metropolen als New York gäbe, gigantische Städte wie die Hauptstädte Mexikos oder Ägyptens, denn die Erwähnung dieser Namen hätte keine Gnade vor ihm gefunden. New York war die Stadt der Städte für ihn, und er hatte wie viele Amerikaner schnell Superlative zur Hand, um das auch zu beweisen. Während Gerda das Essen auftrug, ging Sam zum beherrschenden Thema in dieser Familie über: Sohn Steven und seine beruflichen Aussichten. Drei Abschlüsse habe er gemacht, immer mit hervorragenden Ergebnissen, aber er könne nirgendwo Fuß fassen, obwohl er doch so glänzend qualifiziert sei.

Ich vermutete, die ununterbrochene Anhäufung akademischer Grade könne gerade auf die Vermeidung einer Laufbahn hinauslaufen, ein ständiges Hinausschieben und Offenhalten, aber auch das sagte ich nicht.

Im Augenblick befände sich Steven gerade in Washington, wo er auf eine Anstellung bei einer Zeitung hoffe, sagte Sam in meine Gedanken hinein, als hätte er meine Spekulation doch gespürt. Ob ich nicht etwas für ihn in Deutschland tun könnte, schließlich sei ich doch auch Journalist. Diese Idee setzte sich in Sam fest. Sie beschäftigte ihn während des Essens, und ich erhielt eine Vorstellung davon, wie unerbittlich er möglicherweise auch seinen Sohn mit einmal gefassten Plänen konfrontieren konnte. Ich sei selbst nur ein freier Journalist und könne offen gestanden eigentlich nichts für seinen Sohn tun, wandte ich zaghaft ein, zumal dieser, soweit ich wüsste, kein einziges Wort Deutsch verstünde, was eine nicht unwichtige Voraussetzung für eine Arbeit in unseren Medien wäre. Doch meine Zweifel erreichten Sam gar nicht, unbeirrt malte er sich eine leuchtende Zukunft für seinen Sohn in Deutschland aus. Der kleine alte Mann, mit einer von einem weißen Haarkranz umgebenen Glatze und müden Augen, blühte von der eigenen Fantasie angefeuert auf.

Gerda beteiligte sich nicht an dem Gespräch, aber ihr resignierter Blick zeigte mir, dass solche vagen, durch nichts gerechtfertigten Visionen hier schon oft ausgebreitet worden waren. Ich habe Gerdas Mann nie wieder gesehen. Er ist bald darauf plötzlich gestorben.

Auch meine Großmutter starb, aber nach langen, im Dämmerzustand verbrachten Jahren. Einen ersten Eindruck von dieser unaufhaltsamen Auslöschung erhielt ich, als sie mich in meiner neuen Wohnung besuchte, die ich ganz in ihrer Nähe gemietet hatte, sicher auch wegen der vielen Kindheitserinnerungen an diese Gegend. Beim Kaffeetrinken erfasste sie ganz unvermittelt Panik, weil sie plötzlich nicht mehr wusste, wie es bei ihr zu Hause aussah.

Erst als ich sie schnell mit dem Rollstuhl wieder in ihre Wohnung gebracht hatte, die sie dann wieder erkannte, beruhigte sie sich, aber der Verfall beschleunigte sich von diesem Tag an unerbittlich. Die Ärzte versicherten uns, es handele sich nicht um Alzheimer, sondern um den ganz natürlichen Alterungsprozess des Hirns. Aber dennoch war es traurig, tatenlos zusehen zu müssen, wie sich ihr Gedächtnis buchstäblich auflöste, als verschwände auf dem Computerbildschirm Zeile für Zeile ein unwiederbringlicher Text. Wie sehr bedaure ich, dass ich mir niemals die Zeit genommen habe, meine Großmutter systematisch zu befragen. Obwohl ich mir, erleichtert durch ihren Hang zur ständigen Wiederholung, viele ihrer Erzählungen gut gemerkt habe, sind sicher unschätzbare Details für immer verloren. Genauso wie ihr herzhafter Dialekt, den ich niemals auf Tonband festgehalten habe.

Was ich bei ihr verpasst hatte, wollte ich bei Gerda, deren Geschichte mich nie losgelassen hat, nicht auch versäumen.

Bei Telefonaten von Berlin nach New York beschrieb ich Gerda mein Anliegen und lernte ihre Nüchternheit schätzen, die es unnötig machte, umständliche Erklärungen abzugeben. Sie wisse, dass ihre Zeit ablaufe, und was jetzt nicht getan werde, bliebe für immer unerledigt. Zunächst freute Gerda sich auf mein erneutes Kommen. Sie sah in mir einen entfernten Abgesandten der großen Berliner Familie, die sie noch immer ein wenig als die eigene betrachtete. Mein genauer Stand im verzweigten Stammbaum musste anfangs immer wieder neu geklärt werden, bis klar war, dass ich zur Enkelgeneration gehöre, ein Nachgeborener mit beträchtlichem Abstand zu den Ereignissen, die sie letztlich in die neue Heimat Amerika geführt hatten.

Warum ich mich gerade für diese vergangene Zeit interessiere, warum ich mir erzählen lassen wolle, was doch längst niemanden mehr etwas angehen könne? Kein Mensch wolle das mehr hören. Ob ich wirklich eigens ihretwegen die weite Reise mache?

Ja, ich käme ihretwegen. Ausschließlich ihretwegen. Und obwohl sie darauf nichts entgegnete, spürte ich, dass diese Auskunft sie in die Pflicht nahm, eine sanfte Erpressung durch die angekündigte Anreise. Wenn einer eigens den weiten Flug macht, um mit ihr zu sprechen, dann muss sie ihm auch etwas erzählen, mag sie gedacht haben.

Einige Tage später, der Flug und das Hotel waren schon gebucht, kamen erste, tiefe Zweifel in ihr auf. Sie rief meine Tanten in Berlin an, aufgewühlt und unruhig. Durchwachte Nächte lägen hinter ihr, was nicht das Schlimmste sei, sie schlafe überhaupt schlecht. Aber sie habe große Sorgen, gerade wegen ihres Sohnes Steven, für den das alles zu einer Belastung werden könne.

Das familiäre Informationssystem funktionierte noch immer reibungslos, auch nachdem meine Großmutter, jahrzehntelang die Schaltzentrale aller Neuigkeiten, gestorben war. Die Botschaft von Gerdas Bedenken gelangte schnell zu mir. Ich rief sie an und fragte, ob ich besser in Berlin bleiben soll.

Nein, aber es gäbe da Dinge, über die sie nie geredet hätte und auch niemals reden wolle, sagte sie nachdrücklich, keineswegs unfreundlich. Ihrem Mann habe sie es nicht erzählt, ihr Sohn wisse bis heute nicht, was damals geschehen sei, und sie wolle auch nicht, dass er es je erfährt. Diese Dinge, die sie nicht benennen möchte, hätten mit ihrer Zeit in Auschwitz zu tun. Wir könnten über alles sprechen, das uns bis zu diesem Punkt führe, aber keinen Schritt weiter.

Ich sagte, dass ich wüsste, was sie meine. Bei uns in der Familie sei darüber manchmal gesprochen worden, schon als Kind hätte ich davon gehört.

Dann wüsste ich ja auch, entgegnete Gerda nach einer Pause, die mir sehr lang vorkam, dass dies das eigentlich Wichtige sei. Sie sagte: das »Interessante«. Was sie zu erzählen hätte, sei »interessant«. Bei diesem Wort fühlte ich mich ertappt. Ich konnte meine Enttäuschung nur schwer verbergen und ebenso wenig meine Scham darüber, so genau durchschaut worden zu sein. Gerda hatte Recht. »Das Interessante« war das, worüber sie nicht sprechen wollte, und es war zugleich der Kern dieser Geschichte, ohne den sie sich nicht aufschreiben ließe.

Ich könnte andere Wörter dafür finden, das »Bedeutungsvolle«, das »Unvorstellbare«, das »Erschütternde«, aber all diese Bezeichnungen würden nur die Wahrheit verstellen: Nachdem diese Geschichte fast vierzig Jahre in meinem Kopf war, halb erzählt und nur halb verstanden, aus verschiedenen Richtungen zusammengetragen und aus Bruchstücken zusammengesetzt, wollte ich wissen, wie es wirklich war. Wenn Gerda es nüchtern das »Interessante« nannte, meinte sie: Es ist interessant für *dich*. Im Verlauf dieser langen Gespräche mag es einige erhellende Momente für sie gegeben haben, es mag sie gerührt haben, dass jemand sich so intensiv um ihr Leben kümmert, so wie jeden Menschen Zuwendung erfreut. Biographische Details, die in der Recherche zutage kamen, Spuren verschwundener Menschen, die sich in vergilbten Akten fanden, haben sie verblüfft, bewegt und manchmal wohl auch erschüttert, aber wichtig war diese Arbeit vor allem für mich.

Nach einigen Tagen der Ungewissheit kam ein Anruf. Sie war jetzt wieder ganz ruhig. Der Sohn, mit dem sie einige Zeit in problematischer Enge in der kleinen Wohnung zusammengelebt hatte, war ausgezogen. Er hätte den Gesprächen auf Deutsch ohnehin nicht folgen können. In seiner Anwesenheit wäre es dennoch unmöglich gewesen, über Dinge zu reden, die ihm nie erzählt worden waren. Sicher würde er irgendwann erfahren, was sie mir berichtete, meinte Gerda. Aber das sei nun auch zweitrangig, vielleicht würde es ihm sogar helfen. Sie hatte diese Sache mit sich selbst abgemacht.

»Du sollst kommen«, sagte sie zu mir. »Worüber ich nicht sprechen will, darüber spreche ich eben nicht.« Aber sie wusste in diesem Augenblick schon: Sie wird mir ihre Geschichte erzählen.

1. Tag: New York, 11. Oktober 2004

Ich fahre mit dem A-Train durch halb Manhattan, dann erreiche ich auf der äußersten nördlichen Ecke der Insel Gerdas Viertel, eine aufgeräumte, beschauliche Gegend mit viel Grün zwischen den sandsteinfarbenen Mietshäusern.

»Ich bin alt geworden, wundere dich nicht. Drei Freundinnen sind in den letzten Monaten gestorben, es wird einsam um mich herum«, sagt sie am Telefon. Sie klingt erschöpft, aber auch gefasster als in den Gesprächen, die ich noch aus Berlin mit ihr führte. Hier in New York scheint alles wieder leichter, hier ist sie zu Hause. Nur mit Mühe kann ich sie davon abhalten, mich an der Subway-Station abzuholen. Ich könne mich vom letzten Mal noch genau an den Weg erinnern, behaupte ich, und verlaufe mich dann doch. Als ich das Haus endlich gefunden habe und nach oben zu ihr in den vierten Stock fahre, steht sie unruhig an der angelehnten Wohnungstür. Schon ein paar Mal habe sie im Hotel angerufen und nach mir gefragt. Das sei nicht Deutschland, sagt sie. Immer habe sie hier Angst.

Wie kann ein Mensch, der Auschwitz überlebt hat, so beunruhigt sein, wenn man ein paar Minuten zu spät komme, wie kann einem Deutschland als Ort der Sicherheit erscheinen, wo sie doch dort jahrelang in äußerster Lebensgefahr schwebte, frage ich, während ich meinen Mantel an den Haken hänge. Sie sei doch damals so mutig und entschlossen gewesen.

»Das war früher.« Gerda lacht kurz. Da sei sie viel unbekümmerter gewesen, sie habe nicht immer über alles nachgedacht, sie wollte einfach nur leben, und dieser damals keineswegs selbstverständliche Wunsch nahm sie so sehr in Anspruch, dass für

Ängste gar keine Zeit blieb. »Ich wollte leben«, diesen einfachen Satz wird Gerda in den nächsten Tagen noch oft sagen.

In Gerdas kleiner, heller Wohnung geht der Flur türlos in das Wohnzimmer über, getrennt nur durch zwei abwärts führende Stufen. Wie bei meiner Großmutter ist hier kein Gegenstand älter als fünfzig Jahre. Die Möbel, die Schränke sehen nach pfleglichem Gebrauch aus. In der Ecke steht eine Glasvitrine, aus deren Tiefe es silbern funkelt. Es sind Geschenke von Steven, Mitbringsel aus Israel, siebenarmige Leuchter, der Schriftzug SCHALOM, in Metall gegossen. An allen Wänden der Wohnung hängen Gemälde. Ein offenbar nicht sehr erfolgreicher Kunsthändler, der hier mal zur Untermiete wohnte, ließ sie beim Auszug als Bezahlung zurück, touristische Paris-Ansichten, aber auch sehr schöne Blumenstillleben, schwungvolle und dekorative Ölskizzen einer spanischen Tänzerin, die mir Gerda sofort schenken will, als ich nur andeute, dass sie mir gefallen.

Wir sitzen die ganze Zeit über niemals auf dem gemütlichen Sofa, vor dem ein kleiner Couchtisch steht, sondern auf nüchternen Bürostühlen, am Esstisch an der Stirnseite des Zimmers.

Von hier sieht man durch das gegenüberliegende Fenster auf den breiten, bräunlichen Hudson. Am anderen Ufer liegen die dichten, dunklen Wälder von New Jersey. Etwas weiter links schiebt sich die gewaltige Eisenkonstruktion der Washington-Bridge über den Fluss. »Vielleicht wird es hier den nächsten Anschlag geben«, vermutet Gerda, »an dieser Brücke. Sie ist groß, auffällig, wichtig und überhaupt nicht geschützt.«

Sie hat einen sehr amerikanischen Kaffee gemacht, heiß und dünn. Vor meiner Großmutter würde er keine Gnade finden. Kaum haben wir zu sprechen begonnen, klingelt das Telefon. Steven, Gerdas Sohn, ruft aus dem fernen Oregon an, wohin er gezogen ist, um Abstand zu gewinnen. Er hat die Fünfzig bereits überschritten, eine Zeit lang in Israel gelebt und immer wieder erfolglos versucht, im Journalismus Fuß zu fassen. Ein paar Mal habe ich mit ihm telefoniert. Steven hat eine sanfte, angenehme Stimme und klingt immer ein bisschen traurig. In jedem Thema, das man anschlägt, entdeckt er den Kern der Vergeblichkeit, und nach Art analytischer Pessimisten hat er auch meist Recht, eine durch Illusionen nicht gemilderte, gnadenlose Richtigkeit. Gerda spricht mit ihm, sie wirkt ratlos. »He writes«, wiederholt sie mehrmals mit wachsender Verzweiflung und gibt den Hörer schließlich an mich weiter: »Steven will die Kassetten mit den Aufnahmen unserer Gespräche. Aber du schreibst doch alles mit. Sag es ihm selbst.«

Höflich erklärt er mir sein Anliegen. Aus seiner eigenen journalistischen Erfahrung wisse er, dass man unmöglich alles Material verwenden könne. Es bliebe immer etwas übrig. Wörtlich sagt er, es fiele »immer etwas auf den Boden«. Doch er müsse alles wissen, natürlich ohne selbst etwas davon zu verwenden, wie er mir versichert. Jedes Detail könne von Wichtigkeit sein, nachdem seine Mutter nun so lange geschwiegen habe. Er glaube, dass die Dinge, die wir gerade bereden würden, die Ursache all seiner Probleme seien.

Aber ich habe wirklich keine Kassetten. Ich schreibe tatsächlich alles auf und schneide nur zur Sicherheit auf einem winzigen digitalen Recorder mit, der mit einem Chip ausgestattet ist. Aber auch wenn ich die Gespräche später auf Kassetten überspielen lassen würde, wären sie für Steven zwecklos – wir reden meist deutsch, das er doch nicht beherrscht. Er versucht von Ferne einzugreifen in einen Prozess, der ihn sehr direkt angeht, viel mehr als mich. Vor Jahren hatte er einmal selbst versucht, seine Mutter zu befragen. Er war vor Beginn des Gesprächs

Gerda in ihrer New-Yorker Wohnung, 2004.

furchtbar aufgeregt und hatte eigens einen neuen Kassettenrekorder gekauft, der schon nach wenigen Minuten kaputt ging. Man mag gar nicht an einen Zufall glauben, so symbolträchtig war das technische Versagen des Gerätes. Steven warf den Apparat weg, kaufte umgehend einen neuen, nahm den Versuch, seine Mutter zum Reden zu bewegen, aber nicht wieder auf.

Selbst wenn ich es wollte, ich kann Steven nichts überlassen, sage ich, versichere aber, vielleicht auch, um das unangenehme Gespräch zu beenden, dass er später alles genauso erfahren werde, wie ich es höre, und komme mir im selben Moment wie der anmaßende Verwalter eines Wissens vor, das ich noch gar nicht besitze. Im Verlauf der Gespräche wird bald klar, dass Gerdas Gedächtnis keinen zu beschneidenden Überfluss erzeugt. Hier sprudeln nicht die Quellen der Erinnerung, hier wird jeder einzelne, genau überlegte Satz so kostbar wie ein Tropfen Wasser in der Wüste. Es fällt nichts auf den Boden.

Gerdas Sätze sind nicht fertig. Sie liegen nicht abrufbereit im Gedächtnis. Ich kann ihr beim Erinnern zusehen. Die Schultern hochgezogen, der Blick nach unten gerichtet, ein schweres Atmen ist zu hören, ein Zeichen der Anstrengung, dann ein langsames Kopfschütteln, wenn sich die Bilder nicht einstellen wollen. Fast sechzig Jahre hat sie geschwiegen. Die Begebenheiten ihres Lebens reiften nicht zu jenen oft erprobten Geschichten, deren Wendungen und Höhepunkte ein familiäres Publikum immer wieder beeindrucken und die bei jedem Erzählen farbiger werden.

Gerda hat keine Geschichte, sie hat ein Leben, das nie erzählt wurde. Wo andere alte Leute die Leerstellen zwischen den Erinnerungsbruchstücken mit uneingestandenen Erfindungen ausfüllen, um so dem Zufälligen eine Kontinuität und Konsequenz zu verleihen, blickt sie nüchtern auf die weißen Flächen. Wenn da nichts zu beschreiben ist, schweigt sie. Weil Gerda so oft und entschieden sagt, sie wisse es nicht mehr, und selbst ein wenig erstaunt ist über die Endgültigkeit des Vergessens, wird jeder Satz, den sie langsam und sehr bestimmt bildet, zur unumstößlichen Tatsache.

Später, als ich beginne, die Fakten zu überprüfen, Akten einsehe, mit Zeugen spreche, manchmal doch mit leisen Zweifeln, erweisen sich noch die schwächsten Andeutungen Gerdas, die undeutlichen Erinnerungen als richtig. Ihr Gedächtnis hat vieles gelöscht, aber nichts verändert.

Die Mischung aus Englisch und Deutsch, mit der sie von sich erzählt, klingt nicht nach der Verwirrung einer Vierundachtzigjährigen, der ihre Muttersprache abhanden gekommen ist, sondern ist die Suche nach dem jeweils genauesten Ausdruck, den sie im Reservoir zweier Sprachen finden kann.

Ich erzähle Gerda zu Beginn eine Geschichte aus ihrer Kindheit, freue mich über ihr Lachen und wundere mich, dass die oft gehörte Begebenheit offenbar auf Wahrheit beruht. Sie erinnert sich sehr genau an jenen Abend, an dem ihre Mutter mit einer kleinen Eulenspiegelei dem Vater klarzumachen versuchte, wie verzweifelt ihre finanzielle Lage war. Ihr Vater Karl hatte gerade mal eine Mark mit nach Hause gebracht. Statt der Suppe trug die Mutter daraufhin einen Teller Wasser in die Stube, stellte ihn auf den Tisch und legte vor den staunenden Augen des Mannes die Münze als karge Einlage hinein. »Dass du diese Geschichte kennst, nicht zu glauben.« Gerda schüttelt den Kopf, amüsiert und erstaunt darüber, dass ihr Leben Szenen hervorgebracht hat, die sich Menschen auf der anderen Seite der Welt erzählen.

Die Anekdote aber hatte ein Nachspiel, das von der familiären Folklore ausgelassen wurde. Gerda trägt sie nach. Der jähzornige Vater fiel nach diesem bitteren Scherz über die Mutter her, schlug sie nicht zum ersten und nicht zum letzten Mal, und Gerda rannte aus der Wohnung. Ihr Fluchtpunkt lag vor der Tür. Sie musste nur bei den Nachbarn anklopfen, wurde stets eingelassen und fühlte sich sofort in Sicherheit.

Vielleicht hat sie so unbewusst erlernt, was ihr später das Leben rettete: Man muss eine furchtbare Situation nicht hinnehmen. Man muss Wege suchen, Lösungen finden, die Flucht wagen. Dieses Mädchen, das in der eigenen Familie keinen Halt finden konnte, hatte früh gelernt, eigene Entscheidungen zu treffen, und sei es auch nur den Schritt vor die Tür, den Gang zu den Nachbarn, deren Großfamilie ebenso arm wie ihre war. Doch dort gab es einen unauflöslichen Zusammenhalt und eine Herzlichkeit, an der auch sie sich wärmen konnte.

Gerda weint zweimal bei unseren Gesprächen. Einmal als wir über Auschwitz reden und über das Kind. Und als sie diesen Satz sagt: »Wir waren eine disfunctional family.« Nach fast achtzig Jahren ergreift sie das Leid einer gescheiterten, später ausgelöschten Familie, die in der Zeit des Zusammenseins nicht zueinander fand.

Am 5. März 1920 kam Gerda in Berlin zur Welt. Ihre Mutter, geboren als Marie Kraus 1883 im galizischen Lemberg, war 1905 mit Karl, den sie zwei Jahre zuvor geheiratet hatte, aus Polen nach Deutschland gezogen. Die Staatsbürgschaft der neuen Heimat haben sie nie erhalten, so gehörten sie später zu den frühen Opfern der Nazis.

Zu Hause wurde nur deutsch gesprochen, die Mutter fiel manchmal ins Jiddische.

Marie muss eine fleißige Frau gewesen sein, sie hat auf dem Jüdischen Friedhof gearbeitet, daneben noch gekocht und gebacken für Gesellschaften, die bei ihr Platten für Feierlichkeiten bestellten. Viel hat die Nebentätigkeit nicht abgeworfen, die Armut war drückend.

Gerda weiß noch, dass die Mutter selten Zeit hatte, immer in Bewegung und immer in Sorge war. Vielleicht hatte Marie sich auch deshalb so eng mit der Nachbarin angefreundet, mit meiner Urgroßmutter, einer einfachen Frau, deren Güte in unserer Familie noch immer legendär ist, auch wenn die Erinnerung an sie nun langsam verblasst. Die ständige Not mag die beiden Frauen verbunden haben, aber vielleicht lebte man damals ohnehin enger beieinander im Berliner Osten. Die Wohnungstüren wurden nicht abgeschlossen, man ging beim anderen ein und aus, auch in diesem Haus in der Saarbrücker Straße, also genau in der Gegend, in der meine Großmutter fast bis zu ihrem Lebensende wohnte.

Vater Karl war ein mürrischer, in sich gekehrter Mann, dessen gelegentliche Wutanfälle alle in Schrecken versetzten. Er soll im Ersten Weltkrieg verschüttet gewesen sein, so erklärt sich Gerda sein unleidliches Temperament und seine Antriebsarmut. In Polen hatte er das Klempnerhandwerk erlernt, in Berlin soll er hin und wieder als Vertreter unterwegs gewesen sein. Karl war faul, während die Mutter um das Überleben der Familie kämpfte. So enthüllt die Geschichte von der Mark in der Suppe im humoristischen Gewand die tiefe Wahrheit dieser unglücklichen Familie. Die Eltern trennten sich 1933.

Auf den wenigen Fotos, die sich aus jenen Jahren erhalten haben, ist Gerda immer inmitten einer Menschenmenge zu sehen. Manche Gesichter erkenne ich, meine Großeltern, meine Großtanten, andere sind für immer in der Anonymität versunken, Nachbarn vielleicht und Freunde, deren Namen niemand mehr kennt. Die Leute drängen sich in kleinen Räumen vor schweren Möbeln zusammen.

Gerda war damals ein sehr schlankes Mädchen, mit dünnen Armen und einem schmalen, von lockigen Haaren umrahmten Gesicht, einer markanten Nase und einem liebenswerten Lächeln, das ihre Augen ganz schmal werden lässt. Auf keinem dieser Bilder sind ihre Eltern zu sehen, nichts erinnert an sie, auch Gerda besitzt kein Foto von ihnen.

Meine Großmutter und meine Tante Hilde sind fast auf jeder Aufnahme dabei. Selbstbewusst, eine Locke kühn in die Stirn gezogen, sieht meine Großmutter in die Kamera, während ihre Schwester Hilde schüchtern nach unten blickt, aber auch sie trägt eine damals sehr moderne, gescheitelte Frisur, die Haare fallen tief in ihr Gesicht. Man hielt in dieser Familie immer viel auf gepflegtes Aussehen, auf gute Kleidung, meist Selbstgenähtes, angemessen, sauber und gediegen, womit schließlich auch fehlende finanzielle Mittel in Zeiten größter Not ausgeglichen werden konnten. Großmutter, die später Schneiderin wurde, achtete auch in hohen Jahren beim abendlichen Fernsehen weniger auf die Handlung als auf die Kostüme der Hauptdarstellerinnen, auf den Schnitt und Sitz der Mäntel und Röcke.

Wenn wir mit neuen, in Bekleidungsgeschäften erstandenen Sachen bei ihr erschienen, untersuchte sie sofort die Nähte und konnte es einfach nicht fassen, wie schlampig sie manchmal gearbeitet waren. Sie hat an ihrer ratternden Maschine noch für meine Kinder, ihre Urenkel, fröhliche und sehr praktische Sachen genäht. Sie selbst war immer ordentlich und zurückhaltend gekleidet, selbst die geringste Nachlässigkeit wäre ihr als Zeichen des Verfalls unerträglich gewesen. Auch an Gerda, die wie Großmutter in der Bekleidungsbranche gearbeitet hat, bewunderte ich in New York die Frische und Individualität ihres Stils, helle Hosen und kurzärmelige, rosa, weiße oder beige Pullis, dezenter Schmuck und ebenso unauffälliges, aber wirksames Make-up, eine alte Dame mit sehr eigenem Geschmack.

Beide Frauen haben früh erfahren, wie stolz es macht, wenn man mit den eigenen Händen Dinge herstellen kann. Beim Abmessen reichte meine winzige Großmutter kaum an uns heran, aber mit dem Maßband um den Hals und den Nadeln im Mund war sie die unumschränkte Herrscherin der Lage. Sie legte fest, wann die langweilige Prozedur zu Ende war, sie allein verstand etwas vom Nähen und damit auch, wie sie fest glaubte, von Mode. Noch heute habe ich ihren Satz bei den Anproben im Ohr: »Geh mal zur Tür und komm wieder zurück.« Damit sie ihr Werk in der Bewegung betrachten und eventuelle Unzulänglichkeiten noch ausmerzen konnte, liefen wir grinsend durch das Zimmer. Ihre Ehre als Handwerkerin machte es erforder-

Eine Familienfeier: Manche Gesichter erkenne ich, meine Großeltern, meine Großtanten, andere sind für immer in der Anonymität versunken ... Unten rechts lagert eindeutig Gerda.

lich, die Übergabe eines fertigen Kleidungsstücks festlich zu gestalten. Es hing, wenn wir zur Abholung kamen, schon sorgfältig gebügelt am Schrank. In einer Tasche hatte sie immer ein kleines Geschenk versteckt, ein Parfümfläschchen, Schokolade oder eine Schachtel Zigaretten. Das gehörte unbedingt dazu wie ein Gütesiegel ihrer Arbeit.

Großmutter hat die Schule nur kurze Zeit besucht, sie war ungebildet, aber klug, und da sie diesen Unterschied sehr genau kannte, blieb sie zeitlebens von Minderwertigkeitsgefühlen verschont. Bei Gerda, der Kürschnerin, fand ich dieses natürliche Selbstbewusstsein wieder, das aus der Beherrschung eines Handwerks kommt. Und wie bei meiner Großmutter fühlte ich mich bei der morgendlichen Begrüßung in New York auch von Gerda immer kurz und unauffällig gemustert – ein Sitz, Verarbeitung und Farbe der Kleidung kontrollierender Blick, der wohl nur bei Frauen vorkommt, die so lange in der »Konfektion« gearbeitet haben wie sie.

Auch meine Urgroßmutter nähte. Jene mit Gerdas Mutter Marie so eng verbundene Frau sieht auf den Fotos, umringt von ihren Kindern, schon sehr alt aus, obwohl sie vermutlich erst um die Sechzig war, eine in sich versunkene, müde Frau, erschöpft von den Mühen des Alltags, ausgezehrt vom Krebs, der sie schließlich tötete. Sie soll ein sanfter, freundlicher Mensch gewesen sein, so wie ihre Freundin Marie.

Auf einem Bild sehe ich einige Mitglieder dieser großen Familie zusammen am Kaffeetisch. Meine Großtante Lotte thront an der Stirnseite, eine schöne, schlanke Frau, auf die das Licht fällt. Sie soll die einzige Gläubige in dieser linken, atheistischen Familie gewesen sein, und irgendwie scheint man ihr das anzusehen. Rechts von ihr sitzt meine Urgroßmutter. Neben ihr zwei Leute, die niemand kennt, aber vorn links, im Halbdunkel, ist meine Großmutter zu sehen. Der Mann an ihrer Seite, mit der unverkennbaren Glatze – das ist mein Großvater. Hinter ihm, etwas verdeckt: Gerda. Sie ist die jüngste am Tisch und könnte eine Tochter der anderen Gäste sein, aber sie ist mit niemandem dieser Menschen verwandt. Sie sieht aus, als höre sie aufmerksam zu, ein junges Mädchen, das den Klatsch der Erwachsenen unterhaltsam findet, ohne sich selbst am Gespräch zu beteiligen. Ich habe mir das Foto immer wieder angesehen. Das von oben einfallende Licht, aber auch das Fehlen jeder Pose lassen es wie ein Standbild aus einem Film erscheinen. Keiner der am Tisch Sitzenden ahnt in diesem Augenblick, dass nichts in ihrem Leben Bestand haben wird. In nur wenigen Jahren wird sich alles verändert haben. Vielleicht haben sie später mitunter gerade an diesen Moment gedacht, wie sich manchmal unwillkürlich Eindrücke und Stimmungen einprägen, Konstellationen von Menschen im Raum, das Licht eines Nachmittags, eine Straße nach dem Regen. Ich stelle mir vor, dass ihnen

Meine Großtante Lotte thront an der Stirnseite, eine schöne, schlanke Frau, auf die das Licht fällt. Links von ihr sitzt Gerda in dieser Familienrunde am Kaffeetisch.

diese Sekunde, in der das Foto entstand, als unendlich weit weg und unendlich friedlich erschienen sein muss.

Gerda passt auf den Bildern der zwanziger und dreißiger Jahre ganz selbstverständlich in diese Räume und zu diesen Menschen, die ihre Nachbarn waren und ihre Ersatzfamilie. Meine Großmutter und ihre Schwester Lotte haben sich einmal so heftig um das Nachbarsmädchen gestritten, dass sie ihr buchstäblich einen Arm auskugelten. Gerda im Kreidekreis zwischen zwei zankenden Schwestern, auch diese Geschichte erkennt sie lachend wieder, als ich sie ihr erzähle.

»Bei uns zu Hause spielte das Jüdische keine Rolle, ich bin heute viel jüdischer als damals in meiner Kindheit. Heute gehe ich schon manchmal in den Tempel, zum Beispiel an Yom Kippur, das ist unser heiligster Feiertag. Da wird festgelegt, wie lange man noch zu leben hat. Ich bin im Alter doch ein bisschen abergläubisch geworden.« Damit hat sie das Wesen ihres Glaubens genau umrissen. Aus dem Tag, an dem Gott über uns

Menschen richtet, wurde bei ihr so etwas wie ein harmloses, unterhaltsames Kartenlegen.

Manchmal habe die Mutter am Schabbat Kerzen angezündet, fällt ihr noch ein, aber religiös war niemand in der Familie. Gerda ist wie viele andere durch die Verfolgung zur Jüdin gemacht worden. Erst nach dem Krieg begann sie über ihre Wurzeln nachzudenken, fuhr sogar nach Israel. Aber tiefere Spuren hat das nicht in ihr hinterlassen, was ihren Sohn, der sich viel stärker über das Jüdische definiert, oft geärgert hat. Durch sie, durch seine Mutter, ist er als Jude auf die Welt gekommen und versuchte immer wieder, sich als Jude zu verstehen. Selbst in einem Land wie den USA und einer national so bunt zusammengewürfelten Stadt wie New York muss es für ihn als Kind schwierig gewesen sein, die eigenen Ursprünge zu bestimmen. Gerda ist eine deutsche Jüdin polnischer Herkunft, ihr Sohn ein amerikanischer Jude, der an das alte Heimatland der Mutter keine Bindungen hat, außer einer herzlichen Abneigung gegen die ehemaligen deutschen Landsleute, die ihr so Schreckliches angetan haben.

Diese Ablehnung erstreckt sich zum Glück nicht auf unsere Berliner Familie, dafür aber selbst auf so abgelegene Bereiche wie die deutsche Süßwarenproduktion. Lübecker Marzipan, das Gerda ihm einmal mitbrachte, rührte Steven nicht an.

Als ich ihn am Telefon fragte, ob er sich manchmal auch als Deutscher empfinde und ob das schwierig für ihn sei, stieß er einen langen, noch schneller und wortreicher als sonst gesprochenen Monolog hervor. Ich konnte ihm ungefähr entnehmen, dass es im eigentlichen Sinne wohl kein Problem gewesen sei, niemand sei herumgelaufen und habe die Deutschen verflucht, aber als sein Vater eine Zeit lang ausgerechnet hier, in dieser jüdischen Gegend, einen Volkswagen fuhr, sei das schon ein Grund für Unmut in der Nachbarschaft gewesen, was wiederum für ihn, den Sohn, eine Schmach bedeutete. Er spreche ja diese Sprache auch gar nicht und sei nur selten in Deutschland gewesen, dann habe er meine Großmutter und meine Großtante besucht, die nette Frauen gewesen seien und sich sehr menschlich zu seiner Mutter verhalten hätten, was ihm schon klar sei, meine Großmutter habe Gerda im Grunde das Leben gerettet. Die Auskunft überraschte und freute mich, aber später stellte ich fest, dass Steven meine Großmutter mit meiner Großtante Hilde verwechselt hatte.

Steven machte den Eindruck eines rastlosen Menschen, immer auf der Suche nach einem Mittelpunkt, den er auch in Israel nicht gefunden hat. Der ständige Druck, der auf dem Land laste, die ununterbrochene Bedrohung habe sich in erschreckender Weise auf die Menschen ausgewirkt, sagte er. So etwas bleibe eben nicht ohne Folgen. Ich hätte Steven gern noch so viele Dinge gefragt, doch ich spürte, wie sehr ihn das Gespräch aufregte und wie intensiv er über all diese Fragen schon nachgedacht haben musste, sonst wären die Antworten nicht so lang ausgefallen. So sprechen Spezialisten, die fürchten, ein wichtiges Detail zu vergessen. Alles ist von Steven schon einmal abgewogen und analysiert worden.

In Gerdas kleiner Küche gibt es keine getrennten Schränke und kein eigenes Geschirr für Milchiges und Fleischiges, genauso wenig wie sich ihre Eltern darum scherten. »Wenn meine orthodoxen Onkel mit ihren langen Bärten bei uns zu Besuch waren, rührten sie nicht mal ein Glas Wasser an, unser Haushalt war nicht koscher. Sie haben mich zwar manchmal in die Synagoge mitgenommen, aber großen Einfluss auf meine religiöse Entwicklung haben sie nicht genommen. Sie hielten mich sicher schon für verloren.«

Diese vier Brüder der Mutter wohnten auch in Berlin, sie waren geschäftlich erfolgreich und sind früh ausgewandert. Geholfen haben sie ihren armen Verwandten nicht.

In der Zeit der Berliner Wahlverwandtschaft fühlte sich Gerda aufgehoben in der Familie meiner Urgroßmutter und genoss ganz besonders den Schweinebraten, der bei ihren Eltern nicht auf den Tisch kam, so weit ging die allgemeine Missachtung jüdischer Riten dann doch nicht. Sie sammelte das ganze Jahr über Geld, um den Nachbarskindern Weihnachtsgeschenke kaufen zu können. Die Mädchen von gegenüber wiederum nähten Kleider für Gerda und spielten fast täglich mit ihr.

Einmal hatten sie das Kind zum Einkaufen geschickt und gaben ihr zwanzig Mark mit, eine Unsumme damals, die Gerda auf der Straße verlor. Sie kann sich gut an ihr Entsetzen über den Verlust erinnern und staunt noch immer darüber, dass ihr niemand Vorwürfe machte, obwohl der Verlust in der Haushaltskasse schmerzlich spürbar gewesen sein muss.

Gerda floh vor der bedrückenden Situation in ihren vier Wänden zu den Nachbarn, ihre Geschwister fanden andere Wege, um sich zurückzuziehen. Der zwölf Jahre ältere Bruder Willy, auch er arbeitete in der Konfektion, war als Taschen- und Futtermacher beschäftigt. Er hatte sich ein Motorrad zusammengespart. Damit machte er seine Touren. Manchmal nahm er Gerda mit, die sich noch an den Stolz erinnert, den sie empfand, als sie an den großen Bruder geschmiegt durch die Stadt fuhr. Ein Bild von ihm gibt es nicht. Ich stelle ihn mir vor wie den jungen Heinz Rühmann, mit Motorradkappe, Schutzbrille und sportlicher Kleidung, ein moderner Haudegen, vernarrt in die Apparate der Zeit, in Tempo und Mobilität.

Schwester Toni, sechs Jahre älter als Gerda, war damals die familiäre Konkurrenz, ehrgeizig, begabt und gewandt. Sie investierte in ihre Bildung, lernte Sprachen und arbeitete als Sekretärin. Gerda war ihr damals nicht sehr nahe, sah in ihr die Erfolgreichere und Hübschere.

Der Kontakt zur Nachbarsfamilie riss auch nicht ab, als die Kinder herangewachsen waren und auszogen. Meine Großmutter lebte mit Walter, dem fröhlichen jungen Mann, den sie bei Veranstaltungen der Kommunistischen Partei kennen gelernt hatte. Während er dort eingetragenes Mitglied war, trat sie niemals der Partei bei, wählte aber ihr Leben lang so links es eben möglich war, selbst noch im Altenheim.

Lange ließ sie die Familie im Ungewissen über ihren Zukünftigen, das Geheimnis verschönerte ihn, in der Fantasie sahen alle schon einen Prinzen über die Schwelle schreiten, und als er dann endlich vorgestellt wurde, ließ sich die Enttäuschung kaum verbergen. »Auf so etwas habe ich nun so lange gewartet«, rutschte es Gerda heraus. Walter hatte schon eine Glatze, war eine große, aber wenig imposante Erscheinung. Er nahm die Familie jedoch schnell mit seinem Charme gefangen. Sein sächsischer Dialekt inmitten all der Berliner verlieh ihm etwas Exotisches, und schon bald begann Gerda, heimlich für ihn zu schwärmen. Nur dreizehn gemeinsame Jahre waren meinen Großeltern vergönnt, die selbst wenn man die nachträglichen Idealisierungen abzieht, eine ungewöhnlich glückliche Ehe führten. Für meinen Großvater war es die zweite Verbindung. Die Scheidung seiner ersten, kinderlosen Ehe zog sich lange hin, weil seine Frau nicht einwilligte. So konnten meine Großeltern erst 1936 heiraten. Ihr erstes Kind, meine Mutter, war bereits drei Jahre alt. Die Jüdin Gerda, schon eine junge Frau, war bei dieser späten Hochzeit mitten in der Nazi-Zeit ein willkommener und selbstverständlicher Gast.

»Smart war deine Großmutter«, meint Gerda. Sie sei die Klügste in ihrer großen Familie gewesen. Sie habe ein hübsches Gesicht gehabt und schöne gewellte Haare. Es rührt mich, mir die kleine Frau, die für mich immer alt war, als »smart« und hübsch vorzustellen.

Unsere Mutter ist Stepperin, hatten ihre Kinder in der Schule über Großmutter erzählt und sich über die raunende Bewunderung, die durch das Klassenzimmer ging, gefreut. Als diese Frau dann einmal nach dem Unterricht vor dem Tor auf sie wartete, flog das absichtsvoll aufrechterhaltene Missverständnis auf. Dort stand keine langbeinige Marika Rökk, die man sich auf klackenden, hochhackigen Schuhen über spiegelglattes Parkett wirbelnd vorstellen konnte, sondern eine einfache Arbeiterfrau, eine Stepperin im Akkord an den Fließbändern der Berliner Konfektionsbetriebe, die an der ratternden Maschine Ärmel, Kragen und Hosenbeine annähte. Meine Großmutter liebte diese Verwechslungsgeschichte und erzählte sie immer wieder. Sie konnte sich noch nach Jahrzehnten unbefangen über die Enttäuschung der Schüler amüsieren. Sie hatten einen schillernden Star erwartet und sahen eine selbstbewusste Proletarierin, die sehr genau wusste, was sie als Näherin wert war. Großmutter war stolz auf ihr Können und sogar auf ihre Treulosigkeit selbst wohlwollenden Arbeitgebern gegenüber. Eine so gute Stepperin wie sie konnte es sich leisten, den Betrieb sofort zu verlassen, sobald sich woanders bessere Verdienstmöglichkeiten auftaten. Und das tat sie häufig und ohne Zögern.

Obwohl mein Großvater oft arbeitslos war, konnten sich meine Großeltern von ihrem Familieneinkommen ein kleines Grundstück bei Bernau, im Norden Berlins, leisten, sicher war es gepachtet. Auch Gerda fuhr am Wochenende mit hinaus, ein Foto

Kleiner Familienausflug nach Bernau, ich glaube auch Gerda vorn rechts zu erkennen, mit einem karierten Kleid, das denen der anderen Mädchen ähnelt.

zeigt sie an einer Tischtennis-Platte, ein mageres Mädchen, das nicht so recht weiß, wohin es mit seinen langen Armen soll.

Ein Auto besaß natürlich niemand, aber der Garten war zu Fuß bequem vom S-Bahnhof aus zu erreichen. Auch von dieser kleinen Wanderung gibt es ein Foto, das eine größere Gruppe offensichtlich ausgelassener Menschen zeigt. Ich glaube auch Gerda unter ihnen zu erkennen, mit einem karierten Kleid, das denen der anderen Mädchen auf dem Bild sehr ähnelt und dadurch vielleicht die Hand meiner Großmutter verrät.

Die Laube gehörte eigentlich einem König aus dem Morgenlande, wie meine Großmutter gern erzählte, in einer sehr freien Interpretation von »Besitz«. Die Holzplatten bildeten ursprünglich einen Laubengang für einen Herrscher aus dem Nahen Osten, durch den er sich bei einem Staatsbesuch trockenen Fußes von seinem Wagen zum Eingang des Hotels Adlon am Pariser Platz bewegen konnte. Nach der königlichen Abreise konnte mein Opa die überflüssigen Bauteile billig erwerben und zu einer passablen Sommerunterkunft verarbeiten.

2. Tag: New York, 12. Oktober 2004

Auf Gerdas Küchentisch liegt ein Einkaufszettel. Mit ihrer klaren Schrift hat sie die Dinge aufgeschrieben, die keineswegs vergessen werden dürfen: »milk« und »fish«. Mit dem Erstaunen desjenigen, der sich nicht mühelos in zwei Sprachen bewegt, stelle ich ihr die sicher oft gehörte Frage. »Denkst du in englisch, träumst du in englisch?«

»Ja, natürlich«, kein Zögern war zu spüren bei dieser Antwort. »Ich bin Amerikanerin, Deutschland ist mir ganz fremd geworden. Als ich zum ersten Mal nach der Auswanderung wieder in Berlin war, bin ich manchmal zusammengezuckt, in der U-Bahn zum Beispiel. Dieses EINSTEIGEN, das ist so ein schneidender Ton. Du kennst ja dieses Schnodderige am Berlinern, so etwas Kaltes, Amtliches ist dabei. EINSTEIGEN.« Gerda betont die erste Silbe, ein zackiges »EIN« und lässt dann ein lang gezogenes »STEIGEN« folgen. Sie hört sich selbst zu, überprüft, ob sie den Ton trifft, der sie damals erschreckte.

Gerda verließ mit vierzehn Jahren die Volksschule, am liebsten wäre sie Modezeichnerin geworden, aber für sie als Jüdin war es 1934 völlig unmöglich, eine solche Ausbildungsstelle zu bekommen. Also wollte sie zunächst praktische Erfahrungen in der Textilbranche sammeln, immer in der Hoffnung, später doch in den Traumberuf wechseln zu können. Bis 1938 arbeitete sie als Näherin in der Schneiderei von Sally Nad in der Prenzlauer Allee.

Als Juden polnischer Staatsangehörigkeit wurden Gerdas Bruder Willy und ihr Vater Karl 1938 vom Berliner Polizeirevier Jostystraße nach Polen deportiert, im Rahmen einer brutalen

Abschiebeaktion, die etwa siebentausend Juden betraf. Gerdas Mutter musste ein Jahr später Deutschland verlassen. Sie kamen zunächst nach Bentschen, wo sie unter katastrophalen Umständen mit Tausenden anderen zusammengepfercht wurden. Schon an den Grenzen müssen sich furchtbare Szenen abgespielt haben, als man Menschen, die ihr ganzes Leben in Deutschland verbracht hatten, abschob.

Unter diesen Ausgestoßenen befanden sich auch die Eltern eines jungen Mannes, Herschel Grünspan aus Hannover, der sich illegal in Paris aufhielt. Aus Empörung über die Brutalität gegen seine abgeschobene Familie erschoss er am 7. November 1938 den Legationssekretär der deutschen Botschaft, Ernst vom Rath. Die Nazis nahmen diesen Anschlag zum Vorwand für die Pogromnacht, in der überall im Reich jüdische Geschäfte und Synagogen verwüstet wurden. Schlägertrupps überfielen auch die Firma Nad, in der Gerda arbeitete, zerstörten die Einrichtung und misshandelten den alten Mann vor aller Augen. Keine Hand rührte sich für ihn, die Näherinnen an den Maschinen mussten hilflos mit ansehen, wie Sally zusammengeschlagen wurde. Die Schneiderei stellte den Betrieb ein.

Zu ihren Eltern, die inzwischen im polnischen Strij lebten, hatte Gerda noch bis 1941 brieflichen Kontakt. 1942 kam ihr Bruder Willy zusammen mit seiner Frau ins Warschauer Ghetto, beide sind dort gestorben. Er soll, wie Zeugen später berichteten, auf der Straße vor Hunger zusammengebrochen sein. Die Spur der Eltern verliert sich. Vermutlich brachte man sie wenige Monate nach dem Tod ihres Sohnes in einem Vernichtungslager um.

Die Schwester Toni entkam den Henkern. Sie wanderte rechtzeitig mit ihrem Mann Kurt Mucha, einem Verkäufer, nach Panama aus, später ging sie in die USA. Sie kämpfte vergeblich darum, auch ihre Schwester Gerda außer Landes zu bringen. Nach dem Krieg bemühte sie sich um Unterlagen über den Verbleib des Bruders und der Eltern. Sie schrieb 1959 an dasselbe Polizeirevier in der Berliner Jostystraße, aus dem ihre Verwandten deportiert worden waren, mit einer beißenden Ironie, die den Beamten vielleicht entging: »Ich bin mir bewusst, dass die Akten darüber Jahre zurückliegen, aber bin sicher, dass Sie mit Ihrer bekannten Gründlichkeit das oben Erwünschte in Ihren Akten finden werden …«

Gerda war zum Zeitpunkt der so genannten »Polenaktion« noch minderjährig, und sie war in Deutschland geboren, deshalb durfte sie in Berlin bleiben. Sie hatte nach der Auflösung der Schneiderei Nad keine feste Arbeit mehr, nähte für verschiedene Werkstätten Pelze, unter anderen für Hermann Spritzer in der Kommandantenstraße. 1941 wurde sie zwangsverpflichtet, in der Firma Hübner zu arbeiten. Sie nähte auch dort Pelze, jetzt für die Wehrmacht. Sie kam gut zurecht, denn als eine der wenigen unter den dort zum Arbeiten Gezwungenen wusste sie, wie man mit Pelzen umgeht, wie man Futter einnäht und Besätze anbringt. Sie lernte die anderen Frauen an und erlebte dank ihres Könnens trotz aller Ängste und Unsicherheit ruhige Tage.

Da meine Großmutter ihre Wohnung nur selten verließ, waren gemeinsame Spaziergänge mit ihr für mich kleine, unvergessliche Sensationen. Sie ließ es sich nicht nehmen, ihre Stoffe für größere Schneiderarbeiten selbst auszusuchen. Wir gingen dazu in Läden, die mitsamt ihrem düsteren Charme heute vollständig verschwunden sind. Die Zeit schien mir in diesen Geschäften mit den dunklen, hohen Holzregalen stehen geblieben zu sein. In den Schaufenstern standen schaurige Gipsbüsten von überschminkten Frauen, die nur aus einem altmodisch frisierten, kokett zur Seite gedrehten Kopf, schmalen Schultern und einem langen Hals bestanden. Stoffe waren, um deren zukünftige Wirkung in verarbeiteter Form zu demonstrieren, schwungvoll um diese Figuren geschlungen worden, an eine römische Toga erinnernd. Ich fragte mich, warum diese Scheußlichkeiten, die doch aus den zwanziger Jahren stammen mussten, offensichtlich unbeschadet den Krieg überstanden hatten, wo doch so viel Wertvolles zu Bruch gegangen war. Meine Großmutter würdigte diese Werbeanstrengungen keines Blickes. An den breiten Verkaufstischen ließ sie sich Ballen vorführen, lange, straff um ein Brett gespannte Stoffbahnen, begutachtete die Beschaffenheit, in dem sie das Gewebe zwischen Zeigefinger und breitem Daumen rieb, raffte mit ihren Händen auch mal ein ganzes Stück, zog es nach oben, um zu erahnen, wie es fallen würde. Großmutter sah in diesem Material schon genau das, was es einmal sein würde. Ihr visionärer, professioneller Blick hob sie für mich aus der Masse der Käufer heraus, Hobbyschneider, die irgendetwas aus den Modemagazinen nachnähen wollten. Großmutter aber war ihr Leben lang Schneiderin. Die Verkäufer in den verwaschenen blauen Kitteln spürten das und behandelten die kleine Frau mit einer gewissen Ehrerbietung, die mich stolz machte. Ihr Urteil war untrüglich und unerschütterlich, ihr konnte man nichts vormachen, sie wusste genau, welcher Stoff knittern oder schon dem ersten Waschen nicht standhalten würde. Leider sah das sozialistische Handelssystem keine flexiblen Preise vor, sonst wäre sie sicher zu großer Zähigkeit bei den Verhandlungen fähig gewesen.

Auch Gerda war stets stolz auf ihre Fähigkeiten als Kürschnerin, vergaß aber nie, dass sie diesen Beruf nicht aus Leidenschaft ergriffen hatte, sondern aus der reinen Notwendigkeit des Geldverdienens. Ihre schwere Arbeit wurde gut bezahlt, sie beherrschte alle Methoden des Pelznähens, ob mit der Hand oder der Maschine, und konnte mit Heimarbeit noch etwas dazu verdienen. Sie mochte die Pracht der Nerze, besaß selbst Mäntel und Mützen aus diesem wertvollen Material, aber eine tiefe, gar sinnliche Beziehung hatte sie dazu nicht.

Der lebenslange Umgang mit den schmutzigen Fellen, die in schädlichen Chemikalien gereinigt wurden, die winzigen, ständig eingeatmeten Härchen seien schuld an ihrem Asthma, die gebückte Haltung hatte den gekrümmten Rücken zur Folge, meint sie und will plötzlich von mir wissen, ob man denn bei uns noch Pelze trage.

Sie seien ein bisschen in Verruf geraten, sage ich zögerlich, um sie nicht in ihrer Berufsehre zu verletzen. »Wegen der Tiere. Kannst du das verstehen?«

Ja, das könne sie durchaus, erwidert sie und klingt nicht wie eine Frau, die den Großteil ihres Lebens über Pelze gebeugt verbracht hat. Obwohl man so gesehen auch keine Schuhe aus Leder tragen dürfe, fügt sie genauso sachlich hinzu.

Der Prenzlauer Berg, nach dem der berühmte Berliner Bezirk benannt wurde, ist für jeden, der ihn sucht, eine Enttäuschung. Eine sich nur leicht erhebende Straße zwischen zwei großen Friedhöfen, auf einem davon liegt meine Großmutter.

Die Mauer links, wenn man von der Greifswalder Straße in Richtung Prenzlauer Allee läuft, wird von den Rückseiten prächtiger Familiengräber und alten Bäumen überragt. Etwa in der Mitte zieht sich über die gesamte Länge der Mauer ein angeschrägter Sims, der aufsteigt, während sich die Straße senkt. Wenn ich als Kind meine Großmutter besuchte, kletterte ich darauf entlang, so lange mir die ansteigende Höhe keine Angst machte, eine harmlose, aber meist früh abgebrochene Mutprobe. Meine Mutter verbindet mit dieser Straße die Erinnerung an ein kindliches Abenteuer, ohne dass ihr damals bewusst gewesen wäre, wie seltsam, unnatürlich und unbegründbar der konspirative Charakter dieser Situation war. Es muss in der Zeit von Gerdas Zwangsarbeit in der Firma Hübner gewesen sein.

Gerda trug den gelben Davidstern auf der Kleidung, konnte sich aber trotz aller Repressalien und Einschränkungen noch relativ frei in der Stadt bewegen, sie arbeitete viel und nährte immer die Hoffnung auf ein baldiges Ende Hitlers.

Mein Opa war wegen eines Herzfehlers zu diesem Zeitpunkt noch nicht eingezogen. Auf Drängen meiner Großmutter hatte er jede politische Tätigkeit aufgegeben. Seine letzte Rebellion gegen das Regime soll während eines Nazi-Aufmarschs der folgenlose Ruf »Nieder mit Hitler« gewesen sein. Sein KPD-Mitgliedsbuch verbrannte er, so will es die Familiengeschichte, als in der Wohnung unter ihnen eine Hausdurchsuchung stattfand.

Eines Abends briet er in der Küche Berge von Kartoffelpuffern und beauftragte meine Mutter, sie solle doch Gerda abholen, damit sie mit ihnen essen könne. Sie solle aber vorsichtig sein und sich von niemandem beobachten lassen. Meine Mutter, 1933 geboren und mit ihrer ganzen kindlichen Leidenschaft eine glühende Nazi-Anhängerin, spürte bei ihrem Vater eine für sie rätselhafte Zurückhaltung, einen völligen Mangel an Begeisterung, wenn es um politische Belange ging. Dass eine jüdische Freundin der Familie, mit der offenbar alle schon immer eng und ganz selbstverständlich verbunden waren, nur im Schutze der Dunkelheit und unter Geheimhaltung in die Wohnung kommen konnte, irritierte meine Mutter, die in das Naziregime hinein gewachsen war, nicht im Geringsten. Und da nicht nur Kinder damals mit den unerträglichsten Widersprüchen leben konnten, fand sie es auch völlig natürlich, eine jüdische Freundin zu haben, während das gesamte jüdische Volk als unerbittlicher Feind galt.

Meine Mutter war stolz darauf, von ihrem geliebten Vater eine Aufgabe erteilt zu bekommen. Sie holte Gerda ab und ging mit ihr über den Prenzlauer Berg wieder nach Hause. Gerda, damals eine junge Frau um die Zwanzig, blieb immer etwa zehn Meter hinter dem Kind, den Stern verbarg sie hinter einem selbst genähten Muff aus Pelz.

Geheimnisvoll sei es gewesen, mit Gerda durch das nächtliche Berlin zu laufen, erinnert sich meine Mutter, aufregend, gerade weil es so unverständlich und gefährlich war. Erst viel später ist ihr bewusst geworden, wie demütigend dieser Weg über den Prenzlauer Berg war, darum hat sie ihn, im Gegensatz zu Gerda, niemals vergessen.

Zusammen mit allen anderen jüdischen Arbeitern der Firma Hübner wurde Gerda im Februar 1943 verhaftet und in ein Sammellager gebracht. Es war die »Fabrikaktion«, während der die letzten noch in Berlin lebenden Juden, die meisten in den Rüstungsbetrieben arbeitend, deportiert wurden. Gerda kam in ein Lager irgendwo im Tiergarten, es könnte ein Tunnel gewesen sein. Ohne lange zu zögern ist sie von dort geflohen. Es sei gar nicht so schwer gewesen, sagt sie achselzuckend. Eine niedrige Mauer musste sie überspringen, die Wachen seien nicht besonders aufmerksam gewesen.

Ihrem ersten Ausbruch verdankt sie ihr Leben, auch wenn sie ein Jahr später wieder in die Fänge der Nazis geriet, verkürzte sie doch mit dieser Flucht die mörderische KZ-Haft um fast ein Jahr. Heute wundert sie sich über ihren Mut. Damals dach-

Eine Familie ohne Männer – drei Schwestern (zweite Reihe von oben), meine Großtanten Hilde und Lotte sowie meine Großmutter, und ihre Kinder (ganz oben rechts meine Mutter Helga). Das Foto muss Anfang der fünfziger Jahre in Berlin entstanden sein.

te die völlig auf sich Gestellte nicht weiter darüber nach. Gerda war natürlich viel unabhängiger in ihrer Entscheidung als etwa Väter und Mütter, die Verantwortung für andere trugen und verzweifelt versuchten, ihren Familien in jeder Phase der sich immer mehr verschärfenden Repressalien das Dasein erträglich zu machen. Viele dieser Menschen mussten sich, wenn sie denn durch ein Wunder überlebten, auch noch den Vorwurf gefallen lassen, sie hätten sich wie Schafe zur Schlachtbank führen lassen.

3. Tag: New York, 13. Oktober 2004

Der Illegale ist ein gehetztes Tier, aber er ist frei. Wie einem Schauspieler gewährt ihm seine Verkleidung Schutz, solange er auf der Bühne steht. Er geht in Cafés und ins Kino, wird nicht von verächtlichen oder mitleidigen Blicken getroffen und kann sich für Augenblicke nach Jahren der Erniedrigung als ganz normalen Teil der Gesellschaft empfinden. Die Entscheidung, nicht länger als Gebrandmarkter durch die Straßen zu gehen, sich der Aufforderung zur Deportation oder zur Zwangsarbeit zu entziehen, fiel sicher aus den unterschiedlichsten Gründen. Die Gerüchte über Massenmorde im Osten drangen in die Hauptstadt. Es gab unzählige Zeugen, die durchblicken ließen, was dort geschah, Soldaten auf Fronturlaub und Eisenbahner, die wussten, wohin die Züge fuhren.

Die Deportierten verschwanden spurlos, meldeten sich nie wieder. »Es war uns völlig klar, was mit ihnen passierte«, hatte meine Großmutter mir immer wieder ohne alle Ausflüchte erzählt. »Sie kamen angeblich nach Polen zur Arbeit, aber was sollten sie dort tun? Immer mehr wurden dorthin geschickt ... Und warum meldete sich niemals jemand von dort? Sie hätten doch schreiben können. Nein, es war mir klar, dass sie nicht mehr lebten.« Wenn eine einfache Arbeiterfrau wie meine Großmutter es durchschaute, dann wussten es auch viele andere.

Das Untertauchen wurde von langer Hand geplant, Netze wurden geknüpft, Vertraute eingeweiht und als Helfer vorbereitet. Der Schritt in die Illegalität bedeutete auch ein bewusstes Übertreten des gesetzlichen Rahmens, ein Ignorieren amtlicher Vorschriften und Anweisungen, was für viele der deutschen Juden sicher nur schwer vorstellbar war. Verstecken ist etwas für entflohene Verbrecher, mögen sie gedacht und so die Illegalität gemieden haben, deren Ende damals nicht abzusehen war.

Gerda, die junge, lebenslustige Frau, hat sich solche Gedanken nicht gemacht. Als Entflohene blieb ihr gar keine andere Wahl. Man schätzt, dass bis zum Kriegsende insgesamt etwa fünftausend Juden zeitweise illegal in Berlin gelebt haben. Rund tausendvierhundert Menschen haben hier in ihren Verstecken die Nazi-Herrschaft überlebt.

Diese »U-Boote«, wie sie sich selbst nannten, haben mich fasziniert, denn bis zum Mauerfall war mir ihr Schicksal völlig unbekannt, mit einigen konnte ich sprechen. Sie überlebten mitten in Berlin, das Goebbels im Juni 1943 für »judenrein« erklärte, manchmal nur einen Steinwurf von den Zentralen der Macht entfernt, und waren hier, in der Hauptstadt der Verbrecher, sicherer als in kleinen, überschaubaren Gemeinden.

Der jüdische Pädagoge Jizchak Schwersenz, der vielen Kindern und Jugendlichen im Untergrund das Leben rettete, hat mir geschildert, wie glücklich er nach den Tagen des Zauderns und Zögerns, nachdem auch er den Deportationsbefehl erhalten hatte, im Augenblick des Untertauchens war, welche Euphorie ihn ergriff, als er das erste Mal wieder ohne Stern durch die Straßen Berlins ging. Ich borge mir seine Gefühle, denn Gerda spricht nicht gern über ihre Emotionen. Aber ich stelle mir vor, sie mag Gleiches empfunden haben, als sie den Stern abtrennte, ein Gefühl der Befreiung, das die Ängste überlagerte.

In New York zeigt sie mir den gelben Stofffetzen, an zwei der Zacken ist er leicht rötlich gefärbt wie von Blut. Gerda beschwört, es sei wirklich das Zeichen, das sie an ihrer Kleidung trug, obwohl ich es mir nicht richtig vorstellen kann. Hatte sie ihn in der illegalen Zeit versteckt? Wer hat ihn aufbewahrt, während sie in Auschwitz war?

Gerda weiß nicht mehr, wie er nach dem Krieg wieder in ihren Besitz gelangte, aber sie ist überzeugt davon, dass es dieser Stern war, den sie damals ablöste und sich somit in eine ganz normale, deutsche Frau verwandelte, die sich ungehindert in der Stadt bewegte.

Die geflohene Gerda ging zunächst zu meiner Großtante Hilde, also zu Großmutters um zwei Jahre älterer Schwester. Tante Hilde war mit einem Juden verheiratet, Alfred, der durch sie überlebte. Die unglückliche Ehe zwischen der gutherzigen Frau und dem draufgängerischen Mann, der keinen Begriff von Treue hatte, rettete ihn vor der Deportation. Der gelernte Kaufmann muss eine schillernde Figur gewesen sein, und wäre nicht der erschreckende Undank gegenüber seiner Frau, könnte man eine gewisse Sympathie für diesen Lebenskünstler empfinden, der sich mit tänzerischer Leichtigkeit durch alle Gefahren bewegte. Er war zum katholischen Glauben konvertiert, wurde deshalb als »Halbjude« eingestuft.

Da er nicht an die Front eingezogen wurde, durch seine Ehe aber vor Verfolgungen geschützt war, diente er in der Organisation Todt, der militärisch geführten riesigen Bauformation des Dritten Reiches, in der er sich sehr wohl gefühlt haben soll. Er verbrachte sogar einige Monate in Italien. Ein Foto zeigt ihn dort sehr gelöst und heiter, mit einer Hakenkreuzbinde am Arm.

Die Last trug Hilde. Jede Woche wurde sie von den Behörden vorgeladen und aufgefordert, sich von ihm scheiden zu lassen, und jedes Mal lehnte sie ab. Ich kann mir nicht vorstellen, in welchem Ton sie diese Zumutung von sich wies, weil ich niemals Ablehnung aus ihrem Munde erfahren habe. Sie war unendlich geduldig und ertrug ungerührt den gelegentlichen Spott meiner Großmutter, die immer die Schnellere und Wen-

Tante Hilde war mit einem Juden, Alfred (in der Mitte), verheiratet – hier das Hochzeitsbild –, der durch sie überlebte. Der Fliegenträger links ist mein Großvater.

digere war. Bei ihren Besuchen in Ostberlin saß sie stets auf demselben Sessel bei meiner Großmutter, die wie immer die Konversation bestritt. Hilde sprach nur selten, lächelte und nickte manchmal, ein unverrückbares Monument der Freundlichkeit mit Brille und Dutt. Schrecklich dumm sei sie als Kind gewesen, erzählte sie mir einmal, über sich genauso milde schmunzelnd wie über jeden anderen Menschen. Sie hätte sich unsterblich in das Kaiserbild in ihrer Fibel verliebt, weil das ein so schöner Mann gewesen sei mit diesem imposanten, nach oben gezwirbelten Schnurrbart.

Ich mochte es, sie zu umarmen, Hilde war sehr rund und weich, sie roch gut, hatte wunderbar glatte Haut und freute sich, wenn man es ihr sagte.

Gerda versteckte sich in Hildes Weddinger Wohnung bis etwa Juni 1943, sie vermied jeden Kontakt zu den anderen Hausbewohnern, trug Hildes Kleidung und verhielt sich völlig normal. Sie ist in dieser Zeit niemandem aufgefallen, obwohl ein besonders scharfer Blockwart über das Haus wachte. Bei den immer heftiger werdenden Bombenangriffen auf Berlin verweigerte er Hilde und ihren Kindern wegen des jüdischen Ehemannes den Zugang zum Luftschutzkeller. So saßen sie alle oben in der dunklen Wohnung, zuckten bei jedem Einschlag zusammen, überstanden die Bombennächte aber unbeschadet.

Ein Foto zeigt Gerda in jenen Jahren der Nazi-Zeit, ich erkenne die Gegend ohne Schwierigkeiten wieder, im Hintergrund ist der Wasserturm zu sehen, das Wahrzeichen des Prenzlauer Bergs, heute eine bis in die späten Nachtstunden belebte touristische Gegend mit unzähligen Kneipen. Auf dem Bild ist die Straße ganz leer. Gerda führt ein kleines Kind an der Hand, es ist wohl Dorle, Hildes Tochter. Gerda sieht sehr schlank und elegant aus in ihrem langen engen Mantel. Nichts verrät die Lage, in der sie sich befand, nicht ihr freundliches Lächeln oder ihre Körperhaltung. Wer hat das Foto gemacht? Tante Hilde? Dachte sie, als sie auf den Auslöser drückte, für einen Augenblick daran, dass jedes Bild das letzte sein könnte?

Hildes Tochter Dorle erinnert sich an die unvergleichliche Fähigkeit ihrer Mutter, alles von ihr und ihrem jüngeren Bruder Achim fernzuhalten. Die Bedrückung, die sie doch empfunden haben muss, gab sie nie an die Kinder weiter. Die knapp bemessenen Nahrungsmittel wurden geteilt, die Außenwelt wurde so gut es ging ausgesperrt, und als Dorle wegen ihres »jüdischen Blutes« zu einer Schädelvermessung erscheinen musste, inszenierte ihre Mutter die demütigende und sinnlose Untersuchung als eine Art Spiel.

Über all diese Vorgänge habe ich nicht ein Wort von Hilde gehört. Ich hatte nicht die geringste Ahnung von ihrer unauffälligen Standhaftigkeit und Anständigkeit, die sie wohl für nicht der Rede wert hielt.

Hilde sprach nur selten, lächelte und nickte manchmal, ein unverrückbares Monument der Freundlichkeit ... Zu Besuch bei meiner Großmutter (rechts) in Ostberlin.

Auch von ihrem Mann sprach sie nie, obwohl sie ihm während des ganzen Krieges die Treue hielt und ihre Tochter Dorle zu ihm später noch einen losen Kontakt pflegte. Alfred betrog seine Frau bei vielen Gelegenheiten. In den Nachkriegsjahren steckte er sie mit Syphilis an, die einen so schweren Verlauf nahm, dass Hilde monatelang im Krankenhaus liegen musste. 1952 ließ sie sich endlich von ihm scheiden. Sie hat nie wieder geheiratet.

Auf Drängen von Gerda hatte sie nach dem Krieg einen Antrag auf Anerkennung ihrer Lebensleistung gestellt, der aber abgelehnt wurde. In der Kategorie der »Helfer« war für Hilde kein Platz. Dorle besitzt das abschlägige Schreiben noch. Sie zeigte es mir mit den Worten, ihrer Mutter sei es ohnehin völlig gleichgültig gewesen. Aber Gerda sagte mir, sie würde für Hilde gern in der Holocaust-Gedenkstätte Yad Vashem in Jerusalem, wo auch der Lebensretter gedacht wird, einen Baum pflanzen.

Tante Hilde ging wegen der Bombenangriffe auf Berlin zunächst nach Polen, dann lebte sie eine Zeit lang bei ihrer Schwester, meiner Großmutter, im besetzten Tschechien. Von dort aus zog sie in ein Dorf nach Mecklenburg, wo sie das Kriegsende erlebte.

Dorle holte die Mutter später nach Westberlin, wo sie in einer großen Schöneberger Wohnung einen glücklichen Lebensabend verbrachte. Sie selbst empfand diese Zeit als ihre schönsten Jahre, immer in der Nähe ihrer Tochter, ihres Schwiegersohnes und ihrer beiden Enkelinnen. Obwohl sie unter schwerer Diabetes litt, durch die sie fast erblindete, erreichte sie ein erstaunlich hohes Alter. Die letzten Lebenswochen musste sie im Krankenhaus verbringen, nachdem sie sich bei einem Sturz im Badezimmer einen Zeh gebrochen hatte. Die harmlose Verletzung hatte wegen ihrer Zuckerkrankheit schlimme Folgen für sie, die Ärzte kündigten nach schmerzhaften Komplikationen eine Amputation des Fußes an. Als Hilde aus der Narkose erwachte, sah sie, dass ihr fast der gesamte Unterschenkel abgenommen worden war. Sie registrierte es mit der Gemütsruhe, die sie ein Leben lang auszeichnete, und sagte nur, wie sehr sie sich darauf freue, bald mit ihrer Schwester, meiner Großmutter, wieder auf dem Balkon zu sitzen und Kaffee zu trinken. Sie wusste nicht, dass die Ärzte ihrer Tochter Dorle schon bei der Einlieferung ins Krankenhaus jede Hoffnung darauf genommen hatten, ihre Mutter könne jemals wieder nach Hause kommen. Hilde ist wenige Tage nach der Operation mit einundachtzig Jahren gestorben, kurz vor dem Mauerfall, der diese Urberlinerin sicher glücklich gemacht hätte.

Gerda war nach Hildes Weggang in Berlin geblieben und suchte neue Unterstützung. Sie wohnte unerkannt in verschiedenen

Gerda in den Jahren der Nazi-Zeit in Prenzlauer Berg, Hildes Tochter Dorle an der Hand. Nichts verrät die Lage, in der sie sich befand.

Wohnungen, meist zur Untermiete. Wie viele andere Illegale schlich sie sich abends oft zu Freunden. Sie ging zu Gerda Lewinnek, Gerdi genannt, die damals noch in der Wohnung der Eltern wohnte. Dort wurde für die Versteckten gekocht, manchmal für mehr als zehn Leute. Gerda, der jede Schwärmerei fremd ist, die keine Gefühlsausbrüche und keinen Überschwang kennt, hat für ihre Freundin Gerdi und deren Mutter Emma nur ein Wort: »Sie waren Engel.« Sie hatte die junge Frau über gemeinsame Freunde ihres Bruders kennen gelernt und war sofort von dem schwungvollen, selbstsicheren Mädchen begeistert, das ebenfalls in der Konfektion arbeitete. Gerda Lewinnek – sie wurde 1914 in Berlin geboren – war die Tochter eines jüdischen Schächters und einer christlichen Mutter. Sie und ihr Bruder Norbert waren also in der Nazi-Terminologie »Halbjuden«. Ihr Vater kannte viele Leute auf den Berliner Schlachthöfen, so hat er sich, seiner Familie und den zahlreichen untergetauchten Freunden in Not immer wieder zusätzliche Rationen Fleisch besorgen können. Im Sommer 1940 kam er nach einer Denunziation wegen Fleischschmuggels in Haft. Er starb im Oktober 1941 als ein gebrochener Mann.

Gerdi Lewinnek und ihre Mutter Emma, die ähnlich couragiert wie ihre Tochter gewesen sein muss, bauten ein Netzwerk für Hilfsbedürftige auf, das auf das tägliche Überleben ausgerichtet war. Sie kochten Mahlzeiten und verteilten gefälschte Bezugsscheine, denn die versteckten Juden hatten keinerlei Zugang zu den rationierten Nahrungsmitteln. »Sie halfen wirklich jedem, der Unterstützung brauchte«, erinnert sich Gerda in New York und schüttelt nach über sechzig Jahren noch immer ungläubig und bewundernd den Kopf über Menschen, die sich sehenden Auges in Gefahr brachten, um für andere da zu sein.

Den Lewinneks verdankte Gerda ihren gefälschten Pass, der sie als Schweizer Bürgerin auswies. Gerdi hatte ihn über eine Freundin in der Schweiz besorgt.

Gerdi Lewinnek musste in diesen Jahren schwere Zwangsarbeit für die IG Farben leisten, sechs Tage in der Woche. In der wenigen verbleibenden Zeit, erinnert sich ihre Freundin Gerda, arbeitete sie zu Hause als Schneiderin, nahm Änderungen vor, nähte neue Kleidungsstücke aus alten. Qualifizierte Näherinnen waren knapp, und es bestand eine große Nachfrage nach ständiger Umarbeitung getragener Sachen, die niemand mehr wegwarf.

Gerdis große Liebe war ein jüdischer Boxer, der es sogar zu einem Brandenburgischen Meistertitel gebracht hatte: Bully Schott. Auf den Fotos sieht er genauso aus, wie man sich einen Boxer vorstellt, klein, mit ramponierter Nase und abstehenden

Bei ihrer Freundin »Gerdi« Lewinneck fand auch Gerda Unterstützung im Berlin der Nazi-Zeit. Das Foto entstand nach dem Krieg.

Ohren, der Blick voller Selbstbewusstsein, fast Dreistigkeit, ein Berliner Junge, den nichts erschrecken kann.

So überlebte er drei Jahre Sachsenhausen, wo es in den Anfangsjahren besonders schlimm gewesen sein muss, und Auschwitz, wohin er im Herbst 1942 in einem Viehwaggon verbracht worden war. In beiden Lagern passte sich der proletarische Junge schnell an, durchschaute die Machtverhältnisse und konnte sich mit sicherem Instinkt der Unterstützung verschiedener Zivilangestellter versichern. Über diese Helfer drangen Nachrichten zu seiner Freundin Gerdi nach Berlin. Sie stand Bully in ihrer Verwegenheit in nichts nach. Mehrmals ist sie nach Sachsenhausen und Auschwitz gefahren, um ihn zu sehen, und sei es auch nur aus der Ferne, beim Ein- und Ausrücken der Arbeitskolonnen. Eine »Halbjüdin« auf einer Bahnfahrt nach Auschwitz, um ihren Geliebten zu treffen, was ihr für Augenblicke auch gelang! Gerda erzählt mir diese Geschichte über ihre Freundin in New York, und für einen Augenblick kann ich in der Freude über diesen irrwitzigen Husarenstreich erkennen, dass sie, die Erzählerin, selbst einmal von dieser Verwegenheit angetrieben war. Hatte nicht auch sie immer wieder versucht, sich dem Zugriff der Mörder zu entziehen, hatte stets an Flucht gedacht, sie zweimal gewagt und sich nicht eine Sekunde ihrem Schicksal ergeben? Die beiden Frauen waren sich ähnlich, junge Leute voller Lebenslust und Mut.

Nach den Fahrten Gerdi Lewinneks nach Auschwitz gab es für sie und ihre Freunde keinen Zweifel mehr daran, was dort vor sich ging. Die Menschen im Zug schlossen die Fenster wegen des Gestanks, und jeder wusste, woher er stammte.

Auch die illegal lebende Gerda gab sich keinen Illusionen hin. Sie wusste genau, vor allem durch die Informationen Bullys, was sie im Falle der Verhaftung und Deportation erwarten würde.

Bully gehört zu den wenigen Häftlingen, denen die Flucht aus Auschwitz gelang. Er entkam im Winter 1944, schlug sich nach Berlin durch und meldete sich bei seiner Freundin. Auf dem Schwarzen Markt besorgte er sich eine Pistole. Damit schoss er einen jüdischen Greifer an, der ihn verhaften wollte, und floh erneut.

Wenig später wurden Gerdi und ihr Bruder Norbert wegen »Judenbegünstigung« verhaftet. Wochenlang wurde Gerdi Lewinnek brutal geschlagen, um Bullys Aufenthaltsort preiszugeben. Sie hat nichts gesagt, sondern ihren Peinigern ins Gesicht geschrien, man solle sie doch lieber erschießen, denn verraten würde sie nichts. Vermutlich wusste sie tatsächlich nicht, wo sich Bully zu diesem Zeitpunkt aufhielt.

Gerdi Lewinnek wanderte 1950 mit ihrem Mann Bully nach Australien aus. Das Foto zeigt sie in den sechziger Jahren.

Ich hätte Gerdi Lewinnek gern gekannt, diese Frau, die aus einem sicheren Gefühl heraus immer wusste, was das Richtige war. Auf den Fotos sieht die schlanke Frau mit dem schulterlangen dunklen Haar und dem ungekünstelten Lächeln so vertraut aus, als würde ich sie schon seit Jahren kennen. Vielleicht gibt es in jeder Generation nur ein paar solcher unbeirrten Menschen wie sie.

Sie waren Engel – allerdings sehr handfeste. Gerdi Lewinnek war keine Wohltäterin, die allen Menschen helfen wollte, sie unterschied sehr genau und sehr sicher zwischen Tätern und Opfern. Wie ihr Freund Bully, der nach dem Krieg schon mal einen Nazi-Zuträger mit seiner gefürchteten Linken niederstreckte und den alliierten Behörden geholfen hat, Verdächtige aufzuspüren, ging auch Gerdi Lewinnek sehr direkt auf die Leute los, die ihr das Leben zur Hölle gemacht hatten. Gerda erzählt mir in New York, ihre Freundin wäre nach der Befreiung zu der inhaftierten berüchtigten Stella in die Jüdische Gemeinde gegangen. Dort hätte sie der jüdischen Greiferin, die zahllose versteckte Menschen aufgespürt und an die GESTAPO ausgeliefert hatte, die Haare ausgerissen. Später lese ich, die blonde Haarpracht sei Gerdis Schere zum Opfer gefallen. Als ich das Gerda am Telefon erzähle, lacht sie und meint, ja das wäre wahrscheinlicher, es sei wohl doch eher so gewesen. Ein bekanntes Foto zeigt Stella mit einem Turban um den kahlen Kopf, ungeschminkt und ihrer legendären Schönheit beraubt. Gerdi also hatte sie in diesen Zustand versetzt.

Nach dem Krieg haben Gerdi und Bully geheiratet, sie trat zum orthodoxen Judentum über. 1950 wanderten beide nach Australien aus, mit ihrem in Berlin geborenen Sohn. Sie haben ihn nach Gerdis Vater, Martin, benannt.

Martin Schott schrieb mir, seine Mutter habe oft voller Stolz und sehr lebendig über ihre Zeit in Berlin gesprochen und auch über ihre gute Freundin Gerda. Nach sehr langer Krankheit ist Gerdi 1993 gestorben. Ihr Mann Bully, der schwer unter dem Verlust seiner Frau gelitten hat, folgte ihr im Jahr 2000, im Alter von sechsundachtzig Jahren.

Bully ist als jüdischer Sportler, als unbeugsame Kämpfernatur und Überlebenskünstler mit einer abenteuerlichen Biografie Gegenstand der historischen Forschung. Sein Leben gibt Stoff für Bücher und Filme. Auch seine Frau Gerdi taucht in manchen Berichten auf.

Ich habe erst durch die Gespräche mit Gerda in New York von dieser prachtvollen Frau gehört. Warum nur kennen wir so viele Generäle, die Hitler bis zum Schluss dienten, so viele Handlanger, die sich durch ihre Gewissenlosigkeit einen fragwürdigen Platz in der Geschichte gesichert haben, aber nicht den Namen von Gerdi Lewinnek? Diese kleine, energische Frau, die überhaupt nicht wusste, was Angst ist, die einen natürlichen, unzerstörbaren Stolz besaß, half anderen, nicht aus der gesicherten Position der Wohltäterin heraus, sondern selbst in jeder Sekunde höchst gefährdet.

Gerda kam in den Monaten der Illegalität gut zurecht, weil ihr die Freunde immer wieder Aufträge besorgten. Sie änderte Pelze für zahlreiche Kunden, die wohl manchmal ahnten, wer da für sie tätig war. Einige Zeit wohnte sie bei einem jüdischen Kürschner, der in einer »Mischehe« lebte, ein hochanständiger Mann, wie sich Gerda erinnert. Sie hat für ihn gearbeitet und wurde mit Essen bezahlt. Wenn es an der Tür klingelte, versteckte sie sich im Schrank. Sie erzählt es mir lachend wie einen gelungenen Streich, vielleicht hat sie es damals wirklich so empfunden, auch wenn ich mir diese völlige Abwesenheit von Angst wieder nur schwer vorstellen kann.

Durch diese Kürschner-Arbeiten lernte sie auch den ungarischen Pelzhändler Zoltan Barothy kennen. Er wurde 1915 in Kézdivásárhely in Siebenbürgen geboren. Seine um zehn Jahre ältere Frau Ilona stammte aus Budapest. Im Jahr 1940 kam ihr Sohn Zoltan in Berlin auf die Welt. Die Eheleute lebten schon lange hier und hatten für Deutschland eine Aufenthaltsgenehmigung, die von der Ausländerpolizei immer wieder verlängert wurde. Auf einer Karteikarte findet sich als letztes Datum der Polizei-Eintrag vom 29. Juli 1948. Gerda sah Barothy zum ersten Mal in einem Spezialgeschäft, in dem sie Zubehör für Kürschner-Arbeiten kaufen wollte. Er stand neben ihr und fragte sie, wo und was sie arbeite, obwohl die Antwort in diesem Laden nahe lag. Sie kamen ins Gespräch, und Barothy ließ durchblicken, dass er jemanden gebrauchen könnte.

Zoltan war ein schöner Mann, mit scharf geschnittenen Gesichtszügen, das dunkle Haar nach hinten gekämmt. Auf den wenigen Fotos von ihm sieht er aus wie ein Filmstar jener Jahre, gekleidet in weite, bequem aussehende Hosen und Pullover, ein Gewinnertyp, der seine Erfolge bei Frauen weniger besonderen Anstrengungen, sondern eher seinem blendenden Aussehen verdankte.

In unserer bodenständigen Familie, in der niemand zu extravaganten Abenteuern neigt, hat dieser Barothy einen legendären Ruf genossen, wohl auch wegen seiner ungarischen Herkunft, die für Temperament und Leidenschaftlichkeit steht.

Gerda verliebte sich in diesen Mann. Er sprach schlecht deutsch, auch seine Frau, der Gerda manchmal voller Unbehagen begegnete, beherrschte die Sprache nur unzureichend. Gerdas Gefühle für Barothy mögen durch die ständige Bedrohung gesteigert worden sein, er schuf einen Raum der Normalität und Geborgenheit, in dem sie Schutz fand. Sie arbeitete für ihn, ging mit ihm in Bars und ins Theater, sie trafen sich heimlich. Sein Humor bezauberte sie ebenso wie sein sicheres und elegantes Auftreten, das wohl weltmännisch gewirkt haben muss in einer Stadt, die gerade unterging.

Einmal fuhren sie in die Berge, ausgerechnet nach Berchtesgarden in die Nähe von Hitlers Residenz, was ihnen durchaus bewusst war. Sie erzählt es mir lachend, noch immer mit dem kleinen Triumphgefühl, dem Führer ein paar Tage auf der Nase herumgetanzt zu sein, zu einem Zeitpunkt, als der längst auch ihren Tod beschlossen hatte.

Es gibt ein Foto von dieser Reise, Gerda steht mit Barothy auf einer Terrasse, beide leicht ins Profil gedreht. Es schien ein windiger, regnerischer Tag gewesen zu sein, Barothy hat

Gerda sah den Pelzhändler Barothy zum ersten Mal in einem Spezialgeschäft in Berlin und verliebte sich in ihn.

den Kragen seines Trenchcoats hochgeschlagen und wirkt, als sei er gerade einer Kinoleinwand entstiegen. Gerda sieht sehr schlank aus, sie trägt ein eng geschnittenes, elegantes Kostüm und einen kleinen, irgendwie folkloristisch wirkenden Hut, ein ironisches, modisches Detail, das die Trägerin gerade als eine nicht hierher Gehörige ausweist. Sie war in diesen Tagen sehr glücklich.

In New York sagt sie zu mir, er hätte ihre Lage damals hemmungslos ausgenutzt, von Liebe sei bei ihm keine Rede gewesen, aber es klang ein bisschen, als wolle sie sich selbst bestrafen. Niemals hat sie mit ihrem späteren Mann über diese Affäre gesprochen, und sie scheint noch immer darunter zu leiden.

Langsam beginne ich zu verstehen, dass es nicht nur die bekannten und auch bei ihr vermuteten Gründe für das lange Schweigen vieler Überlebenden sind, die das Gespräch über die Vergangenheit für sie so schwer machen. Nicht nur der Wille, die Nachgeborenen mit dem Grauen zu verschonen, nicht nur der Wunsch, ganz neu zu beginnen und das Geschehene schnell zu vergessen, sondern auch ganz einfache, sehr menschliche Geheimnisse machen das Sprechen so schwer.

Nur dadurch, dass sie als Opfer vorgesehen war in einem historisch beispiellosen Vernichtungsplan, kommt die Affäre einer jungen Frau und eines verheirateten Mannes nach Jahrzehnten wieder zur Sprache. Ich bin überrascht von dieser Erkenntnis, als sei es in irgendeiner Weise bemerkenswert, dass Überlebende ein Privatleben haben.

4. Tag: New York, 14. Oktober 2004

Gerda scheint zu bereuen, was sie mir am Tag zuvor erzählt hat.

»Was ist mit Steven«, fragt sie. »Wenn er das mit dieser Affäre hört?«

»Könnte es nicht sein«, versuche ich einzuwenden, »dass dein Sohn versteht, was zwei erwachsene Menschen, noch dazu in diesen Zeiten schlimmster Bedrohung, zueinander treibt? Was kann denn so verwerflich sein an einer Liebe zu einem Mann, der dein erster war und von dem du annehmen musstest, es könnte auch der Letzte in deinem Leben sein?«

Gerda fürchtet den Konservatismus ihres Sohnes. »Ich war doch kein leichtes Mädchen«, sagt sie, als hätte ich das ernsthaft angenommen. Aber natürlich gelten diese Sätze gar nicht mir, sondern dem abwesenden Sohn. »Ich wollte leben und habe diese Zeit wirklich genossen. Wenn Stevie das erfährt, wird er sofort losziehen und Rache an Zoltan nehmen wollen. Stevie ist so, er will jede Ungerechtigkeit vergelten.«

Für einen Augenblick haben sich die Zeitebenen für Gerda ineinander geschoben: Sie hat keine Nachrichten über Barothys weiteres Schicksal, über seinen Verbleib, Stevie würde ihn also nie und nimmer aufspüren können, selbst wenn der einstige Geliebte noch am Leben wäre. Doch die Liebe zu ihm ist ihr noch immer so gegenwärtig, ebenso wie die Schuldgefühle, die sie ein Leben lang quälten, dass sie sich einen Rachefeldzug des Sohnes sehr wohl vorstellen kann. Auch wenn es eine Abrechnung ohne Ziel wäre.

Die Affäre mit Barothy zog sich über Monate hin, vielleicht war es trotz aller Ängste die schönste Zeit in Gerdas Leben. Als sie verhaftet wurde, war sie seit etwa vier Wochen von ihm schwanger. Sie ist sich nicht sicher, ob ihr das zu diesem Zeitpunkt schon ganz bewusst war oder ob sie erst in Auschwitz Gewissheit über ihren Zustand hatte. Bis heute aber wurde sie den Verdacht nicht los, Barothy könne sie verraten haben, vielleicht um sie loszuwerden. Einen Beweis dafür habe ich nirgends gefunden.

Die GESTAPO hatte Gerda als entflohene Jüdin sicher auf ihrer Liste. Walter Dobberke leitete diesen Suchdienst, der sich auf jüdische »Greifer« stützen konnte, Menschen, die sehr genau wussten, wie sich Untergetauchte bewegten, wo sie sich aufhielten. Von diesen Spitzeln kursierten unter den Illegalen Fotos. Gerdi Lewinnek soll ein Porträt von Stella, der bekanntesten Greiferin, besessen haben.

Gefürchtet war auch Rolf Isaakson, zu dieser Zeit der Geliebte von Stella, später ihr Mann. Er hatte als Komparse auf Bühnen gestanden, inszenierte sich selbst wie einen Filmstar mit auffälligen Schlapphüten und langen Mänteln. Zeugen berichteten, wie er sich mit vorgehaltener Pistole als letzter auf den Lastwagen schwang, auf dem schon die gefangenen Opfer den Abtransport erwarteten.

Er genoss ganz offensichtlich seine Privilegien. Nach dem Krieg setzte er sich Richtung Norden, vielleicht nach Dänemark, ab; man hat nie wieder etwas von ihm gehört. Dieser Mann hat Gerda am 15. April 1944 in ihrer Wohnung verhaftet. Vermutlich war er es auch, der sie aufgespürte. Der Berliner Osten, wo Gerda damals lebte, war sein »Jagdrevier«. Vielleicht hatte er sie schon längere Zeit bei ihren nächtlichen Besuchen in der Wohnung der Lewinneks beobachtet. Später soll er zu der inhaftierten Gerdi Lewinnek gesagt haben, er habe sehr genau über ihre Unterstützung untergetauchter Juden Bescheid gewusst, aber nie eingegriffen, obwohl schon allein der Schmuggel mit Fleisch und gefälschten Lebensmittelkarten genügt hätte.

Durch ihre Arbeit hatte Gerda Geld. Sie versuchte vergeblich, die Greifer – Rolf Isaakson war in Begleitung eines Mannes erschienen – zu bestechen. Gerda gab noch nicht auf. Sie habe kostbare Bezugsmarken, die nicht verfallen sollten, sagte sie, um Zeit für sich herauszuschinden. Ob sie die nicht noch schnell im Laden gegenüber in Nahrungsmittel umsetzen könnte. Die Männer willigten zu ihrer Überraschung ein, einer wartete vor und einer im Geschäft auf sie. So machten sie eine Flucht unmöglich. Sie brachten Gerda in das Sammellager in der Schulstraße, aus dem es kein Entkommen gab.

Anders als ich es mir vorgestellt hatte, war Gerda nicht verzweifelt, denn sie hatte immer damit gerechnet, früher oder später verhaftet zu werden. Für diesen Fall stand für sie fest, dass sie wieder fliehen wollte, sobald sich eine Gelegenheit ergeben würde, vielleicht erst auf der Fahrt. Sie ahnte nicht, dass diese Chance erst sehr spät, fast zu spät kommen sollte, dass die Flucht ihr zwar das nackte Leben retten würde, aber erst nach einer Zeit monatelangen Leidens.

Eine unsinnige Frage kommt mir in den Sinn: »Wurdest du nach der Einlieferung ins Sammellager in irgendeiner Weise dafür zur Rechenschaft gezogen, geflohen zu sein, illegal gelebt zu haben?« – »Nein, das spielte überhaupt keine Rolle. Sie hatten mich nun, das genügte.« Welche Bestrafung hätte es auch geben sollen, da jeder Verwaltungsakt, den die Beamten ausführten, nur noch einem Ziel diente. Ob untergetaucht oder nicht, ob Erwachsener oder Kind, jeder, der dort eingeliefert wurde, hatte nur noch eine Bestimmung – den Tod.

In der Schulstraße händigte man ihr die Formulare des Oberfinanzpräsidenten aus, die den Juden vor der Deportation nach Hause geschickt wurden. Doch als Untergetauchte hatte sie diese Fragebögen natürlich nicht vorher erhalten, also brachte man sie ihr in das Lager, um noch die letzten Fakten wie Adresse und Vermögensstand zusammenzutragen und der Todgeweihten Fragen zu stellen wie: »Wann, mit welchem Kostenaufwand und durch welche Firmen ist die Wohnung zuletzt renoviert worden?« Gerda ließ nicht nur diese Frage unbeantwortet. Sie gab an, dass ihr Pass verbrannt sei. Als letzte Adresse schrieb sie die Rombergstraße 16 auf, sie habe dort bei »Schleimer« zur Untermiete gewohnt, in einem möblierten Zimmer für zwanzig Mark.

Auch die Akte dieses Mannes hat sich erhalten. Siegbert Schleimer wurde 1898 in Berlin geboren und war mit einer zehn Jahre jüngeren Else verheiratet. 1938 wurde ihre Tochter Marion geboren. Sie war also erst fünf Jahre alt, als die gesamte Familie am 12. März 1943 nach Auschwitz deportiert wurde. Alle gelten als »verschollen«.

Ich rufe Gerda später, während meiner Recherchen, in New York an. Sie erinnert sich sehr genau an die Familie. Siegbert Schleimer sei Sektionsdiener im Jüdischen Krankenhaus in der Iranischen Straße gewesen. Gerda erzählt mit amüsiertem Entsetzen in der Stimme, dass er dort in der Pathologie gearbeitet habe. »Nette Leute waren das. Wir kannten sie schon lange.« Sie habe dort längere Zeit gewohnt.

Als ich ihr vom Schicksal der Familie erzähle, stöhnt Gerda plötzlich so laut auf, wie ich es noch nie von ihr gehört habe. Vielleicht trifft sie die Nachricht so ganz unvorbereitet, vielleicht existierten die Schleimers einfach weiter, ohne dass sie sich deren Ende je vorgestellt hatte. »Das war so ein hübsches Kind, so wunderschön ...«

Nach der Deportation wurde die Wohnung der Familie Schleimer am 24. Februar 1944 geräumt.

Gerda kann also zum Zeitpunkt ihrer Verhaftung dort nicht mehr gewohnt haben, da ist sie sich völlig sicher, auch wenn sie die Adresse in ihrer Vermögenserklärung angegeben hat, vermutlich weil sie wusste, dass sie niemanden mehr gefährden konnte. In Wirklichkeit hatte sie in der gleichen Straße gewohnt, direkt gegenüber. Unvorsichtig sei das gewesen, meint sie heute, vielleicht habe ja auch das die GESTAPO auf ihre Spur gebracht.

Ich versuche beim Durchblättern dieser schmalen, nur aus wenigen Seiten bestehenden Akte alles auszublenden, was ich über den Holocaust weiß und mir einfach nur diesen Vorgang zu vergegenwärtigen. Ich will keine Bilder zulassen, kein gesichertes Wissen über die Vernichtung, ich will diesen Prozess nicht von seinem Ende her begreifen, sondern in dem Augenblick verstehen, als er sich vollzog.

Eine junge, lebensfrohe Frau wird gesucht und gejagt, verhaftet und verschleppt. Dann wird ihr auch noch dieses Formular ausgehändigt. Gerda hat mit großem Schwung ganze Seiten durchgestrichen, sie hat sich keine Mühe mit der Beantwortung von Fragen nach ihren Besitzständen gemacht, weil sie nichts besaß und weil sie genau wusste, wohin die Reise gehen würde. Diese langen Querstriche passen zu Gerda, sie ignorieren die Bürokraten, sie sehen aus, als hätte sie jemand hingeworfen, der sich nicht ergibt. Und wirklich dachte Gerda ja auch in diesen Augenblicken nur daran, wie sie entkommen könnte. Beim Datum irrte sie sich mit dem Monat, sie gab bei der Unterschrift den 16. März an, es war aber der 16. April.

Diese Akten, erklärt mir Monika Nakath im Brandenburgischen Landeshauptarchiv in Potsdam, sind oft die letzten und einzigen Zeugnisse der ermordeten Juden. Und mit der Empörung einer gewissenhaften Archivarin fügt sie hinzu: »Stellen Sie sich vor, sie wurden nach dem Krieg zum Teil für die Entschädigungsverfahren weitergeführt – eine Unmöglichkeit aus archivarischer Sicht!«

Zu jeder Akte gehört eine Karteikarte, diese werden, soweit erhalten, im Keller aufbewahrt. Frau Nakath führt mich hinunter. Ein großer hölzerner Schrank steht hier. In den prall gefüllten Karteikästen findet sich die Karte von Gerda, in derselben, großen und etwas umständlichen Handschrift beschriftet wie die dazugehörige Akte. Jemand hat mit Bleistift noch das genaue Datum der Deportation dazugeschrieben: »18.4.1944«. Diese Karteikarte sagt noch weniger aus als die Akte, dennoch berührt es mich sehr, sie aus dem Kasten zu ziehen und mir vorzustellen, dass hinter jeder dieser Tausenden Karten Schicksale von Menschen wie Gerda stehen und dass jedes einzelne es wert wäre, erzählt zu werden.

Bis zu dem Moment, als die Akten geschlossen wurden, ging alles seinen bürokratischen Gang. Bis zu der Stunde, da Gerda den Zug betrat, völlig entrechtet und enteignet, ist diese Akte durch viele Hände gegangen, mit Aktenzeichen und Notizen versehen worden, vielleicht wanderte der geschlossene Ordner in derselben Minute in den Schrank, als der Zug sich in Bewegung setzte. Der Mensch hatte sich jenseits dieser Akte schon aufgelöst. Die Rampe von Auschwitz begann in Berlin.

Gerda fuhr mit dem 51. Osttransport am 18. April 1944 nach Auschwitz. Es war ein kleiner Transport, die Liste hat sich erhalten, dreißig Namen stehen dort. Gerda findet sich an achter Stelle. Sie erinnerte sich an eine junge Mutter im Zug, die mit ihrem Kind sofort nach der Ankunft umgebracht worden sei.

Gerda hatte auf der Fahrt noch ganz ruhig mit der fast gleichaltrigen Frau gesprochen und ihr alles gesagt, was sie über das Schicksal, das die Mutter und ihr Kind erwarten würde, wusste.

Es könnte die dreiundzwanzigjährige Erika Tawrigowski gewesen sein, die ganz am Anfang der Liste steht. Das Alter des Kindes, ein Mädchen mit dem Namen Gitta oder Gittel, wurde mit vier Jahren angegeben. Beide gelten als verschollen. Gerda ist die Letzte, die mit ihnen sprach, die eine Erinnerung an die ermordete Mutter und ihr kleines Mädchen hat und bezeugen kann, dass Erika wissend in den Tod gegangen ist.

Als die Staatspolizeileitstelle Berlin am 23. April 1944 die Vermögenserklärungen der Deportierten, im Anschreiben steht »evakuierte Juden«, an den Oberfinanzpräsidenten weiterleitet, leben viele der Verschleppten schon nicht mehr. In einem Begleitschreiben erklärt die GESTAPO die Zusammensetzung des Transports. »Es handelt sich um privilegierte Mischehen, die jedoch entweder durch den Tod eines Partners bzw. durch Scheidung nicht mehr bestehen.« Ansonsten ist in dem Text nur von dem Vermögen der Betroffenen die Rede, das nicht verfallen, »sondern durch Einziehung auf das Reich übergegangen« sei.

Gerda gehört also nicht in diese Gruppe ehemals »privilegiert« Verheirateter, man hatte die aufgegriffene »Illegale« diesem kleinen Transport zugeschlagen. Diese Juden hatten in Berlin in vergleichsweise geordneten Verhältnissen gelebt, ihr Zustand war sicher besser als der ihrer Leidensgenossen aus den Ghettos. Das würde auch erklären, warum Gerda bei der Ankunft die Haare nicht geschoren wurden, woran sie sich sehr genau erinnert. Anfangs fiel es mir schwer, das zu glauben, auch Experten, die ich danach fragte, zweifelten. Nur »Reichsdeutschen«, also nicht-jüdischen Gefangenen aus Deutschland, wurde das Abrasieren erspart.

Aber in Auschwitz selbst meinen Mitarbeiterinnen des Museums, sie könnten sich das durchaus vorstellen. Da Gerdas Haar sicher kurz geschnitten und gepflegt war, ist es möglich, dass man es nicht schor.

Wie so oft erweisen sich Gerdas Erinnerungen in all ihrer Lückenhaftigkeit als zuverlässig. Unwichtig ist dieses Detail nicht, denn die normale Länge des Haars hat später dazu beigetragen, ihr das Leben zu retten. Und ich fühle mich beschämt, weil ich den vorgefertigten Bildern in meinem Kopf mehr vertraut hatte als den Aussagen einer Zeugin.

Von den dreißig Menschen auf dieser Liste haben sechs das Kriegsende erlebt.

Ich nenne Gerda diese Zahl, nachdem ich sie im Museum Auschwitz erfahren hatte. Gleich nach meiner Rückkehr aus Polen rufe ich sie an. Sie schweigt einen Augenblick. Ich höre das schwache Rauschen in der Leitung. »Sechs haben überlebt … Und ich bin eine davon«, sagt sie so leise, dass ich sie kaum hören kann. Sie ist so sehr erstaunt, als sei ihr erst in diesem Moment das Wunder ihres Überlebens ganz zu Bewusstsein gekommen.

5. Tag: New York, 15. Oktober 2004

Gerdas Schilderungen von Auschwitz. Nur wenige Sätze, von einem Zustimmung voraussetzenden Nicken in meine Richtung begleitet, das mir anfangs seltsam vorkommt. Dann verstehe ich, was dieses Nicken bedeutet: Gerda weiß, dass es unter ihren Sätzen keinen gibt, der nicht schon gesagt worden ist, dass keines der Bilder, die sie heraufbeschwört, nicht schon beschrieben worden ist, und dass kein Wort wirklich trifft, was es bezeichnen soll. So erklärt sich diese äußerste Knappheit nicht aus der Verdrängung, aus dem Vergessen, sondern aus dem Wissen, dass ihre Erinnerung nicht vermittelt werden kann, gerade weil fast jedes Detail von Auschwitz schon beschrieben worden ist.

Unausgesprochen steht ein »Du weißt ja« vor jedem Satz. »*Du weißt ja*, der furchtbare Gestank überall. *Du weißt ja*, die Wagen mit den Toten jeden Tag, Arme hingen am Rand hinunter. *Du weißt ja*, die harte Arbeit, der ständige Hunger, die Kälte.« Auf den Pritschen lagen sie so eng, dass sie sich nachts alle auf Kommando umdrehen mussten, wenn eine Frau die Haltung wechseln wollte.

Wir sitzen nah beieinander, aber Gerda blickt mich nicht an. Sie sieht etwas, von dem sie weiß, dass ich es mir niemals werde vorstellen können und das deshalb für sie mit diesen wenigen Worten hinreichend beschrieben ist. Ihr langes Schweigen hat sicher auch hier seine Ursache: Was sie dort erlebte und sah, schließt uns aus.

Wie so oft, wenn ich mir das Leben im Lager vorstelle, die entwürdigende Prozedur der Ankunft, die Auslöschung der Persönlichkeit, die Aussichtslosigkeit der Lage, ist mir unbegreiflich, wie Menschen das durchstehen konnten. Gerda hat darauf nur diese eine Antwort. »Ich wollte leben.« Sie zuckt mit den Schultern, als sei das doch eine Selbstverständlichkeit.

Tausende Menschen verwandelten sich in Auschwitz-Birkenau in Asche und Rauch, innerhalb von wenigen Minuten, sie hatten keine Zeit, in Gerdas Gedächtnis zu bleiben.

Sie erinnert sich an einen Vorfall in der Baracke. »Einmal brach eine der Schlafpritschen, die nur aus wenigen lose zusammen geschobenen Brettern bestanden, ein und erschlug ein darunter liegendes Mädchen.« Das sah Gerda sehr genau vor sich, inmitten des großen Sterbens vor dem Fenster. Es war die Zeit der ununterbrochenen Massenmorde, die »Ungarn-Aktion« war in vollem Gange, jeden Tag kamen die Züge an, wurden Menschen im Akkord vergast und verbrannt, die Todesmaschine Auschwitz erreichte ihre Leistungsgrenze. Und in einer Baracke stirbt ein Mädchen unter einer einstürzenden Pritsche und bleibt für immer in Gerdas Erinnerung.

Sie ist erst spät nach Auschwitz gekommen, das war ihr Glück, wie sie immer wieder sagt. So hatte sie genug Kraft für die schwere Arbeit im Außen-Kommando 22. Steine schleppen, Gräben ausheben – Gerda weiß nicht mehr, ob diese Arbeit, die sie als Schwangere durchstehen musste, auch nur den geringsten Sinn hatte. Aber sie glaubt, dass ihr Zustand, den offenbar niemand richtig interpretierte, vielleicht sogar lebensrettend bei den immer wieder stattfindenden Selektionen gewirkt haben könnte, weil er eine gewisse Fülle, also Gesundheit, vortäuschte.

Als spät ins Lager Gekommene wurde sie in keine Struktur oder Gruppe aufgenommen, sie fand keine Nähe zu Mithäftlingen und suchte sie wohl auch nicht. Gerda entschied sich unter den möglichen Überlebensstrategien für die Unsichtbarkeit, sie machte sich klein, winzig, sie vermied jede Auffälligkeit, verschwand in der Masse der Frauen bei den stundenlangen Appellen, die sie wie viele ihrer Leidensgenossinnen als besondere Qual in Erinnerung hat.

Einmal muss sie doch aufgefallen sein. Sie stand mit anderen Frauen nackt vor Mengele, der sie betrachtete. Der KZ-Arzt führte als Herr über Leben und Tod Selektionen nicht nur unter den Ankommenden an der Rampe durch, sondern fast wöchentlich auch unter den gefangenen Frauen im Lager. Sie mussten sich vor den Baracken ausziehen und wurden, wenn Mengele sie ins Gas schickte, gleich unbekleidet auf Wagen geladen und ins Krematorium gefahren. Anders als die meist Ahnungslosen, die täglich mit den Transporten ins Lager kamen, wussten diese Frauen ganz genau, dass sie sterben würden. Diese Gewissheit vereiste ihre Gesichter mit einem so fassungslosen Entsetzen, dass niemand, der Zeuge dieser Szenen wurde, den Anblick jemals vergessen kann.

Mengele winkte Gerda mit seiner Hand, die unzählige Leben mit einer Bewegung auslöschte, heran und fragte sie, woher sie käme. Sie antwortete, äußerlich völlig ruhig, in das schöne Gesicht des Mannes: »Aus Berlin.« Mengele nickte und ging weiter. Gerda geschah nichts, und bis heute hat sie nicht die geringste Ahnung, warum der Massenmörder wissen wollte, woher diese nackte Jüdin stammte.

Eine innere Zensurbehörde, auf die Gerda wie jeder andere Mensch keinen Einfluss hat, wählt aus, was zu den Akten kommt und was wieder vorgelegt wird, aber endgültig sind die Entscheidungen nicht. Ein Geruch, ein Wort, ein Klang öffnen plötzlich einen Ordner, das Siegel wird aufgebrochen. Immer wieder sagt Gerda: »Das wollte ich vergessen, das wollte ich verdrängen.« Aber sie sagt nicht: »Das habe ich vergessen«, denn im Verlauf der Gespräche wird ihr klar, dass nichts Wichtiges wirklich verschwunden ist.

Die Fragmente ihrer Erinnerungen stehen unverbunden da, die Zwischenräume werden nicht aufgefüllt, keine Verbindungen entstehen zwischen den einzelnen Bildern, und möglicherweise lässt sich auch nur so davon erzählen, in Bruchstücken.

Die ständige Nähe des Todes, dessen Geruch unausweichlich war, hat sie bald weniger berührt als die tägliche Routine des Ausrückens, des Hungerns, der endlosen Zählappelle. Gestorben wurde ohne sie. Heute wundert sich Gerda über diese Gefühllosigkeit und vermutet, man habe ihnen Brom in die dünne Suppe getan, um sie, die Arbeitsfähigen, ruhig zu stellen. Immer wieder führt sie dieses Beruhigungsmittel an. Ich habe Spezialisten danach gefragt. Niemand hat je von einem solchen Zusatz gehört, manche meinten, das würde doch so etwas wie eine schwer vorstellbare pervertierte Fürsorge der SS bedeuten.

Aber Gerda sagt, es sei unter ihren Mitgefangenen bekannt gewesen, dass man sie alle mit Brom ruhig stelle. Und als ich ihr Wochen nach dem Besuch in New York am Telefon vorsichtig vom Zweifel der Fachleute berichte, kann sie es kaum glauben.

Ich belasse es dabei, denn ich vermute, dass die Frauen sich so erklärten, was sie selbst nach Monaten der Abstumpfung nicht mehr verstanden, dass sie weiter lebten inmitten des Sterbens, sich sogar daran gewöhnten. Das Brom erscheint mir als heilsame Erfindung, die sie davor schützte, sich selbst völlig unkenntlich zu werden. Erst viel später in Auschwitz bemerke ich, wie sehr ich Gerdas Erinnerungen trauen sollte. Im Museum hat man tatsächlich von einer Substanz gehört, ein weißliches Pulver, dessen Zusammensetzung unbekannt sei. Häftlinge in der

Küche hätten mehrfach gesehen, wie eine SS-Frau dieses Mittel in die Suppe getan habe, zu welchem Zweck, sei aber unklar.

Meine Großmutter hatte mir die Geschichte von Gerdas Kind immer wieder erzählt. Man habe damals im KZ versucht, eine Abtreibung vorzunehmen, stundenlang habe die Schwangere im kalten Wasser stehen müssen, doch der Fötus überlebte.

Vielleicht vermischte sich hier die Schilderung einer Folter, die Gerda aus anderen Gründen tatsächlich erlitten haben könnte, mit der Vorstellung eines gezielten Abbruchs, den es bei Gerda nie gegeben hatte.

In der Erzählung meiner Großmutter kam das Kind trotz der Abtreibungsversuche lebend zur Welt, heimlich in der Baracke, in der Gerda mit Hunderten anderer Frauen untergebracht war. Eine Zeit lang konnte sie das Baby versteckt halten, doch bei einem Durchgang der SS beugte sie sich über das schreiende Kind und erstickte es mit ihrem Körper, um nicht Zeugin seiner sicheren Ermordung zu werden.

Meine Mutter nannte es einen Unfall, Gerda habe das Kind nur zum Schweigen bringen wollen, dabei sei es umgekommen. Eine neue, grauenhafte Variante hörte ich von meiner Tante Dorle, Tochter von Hilde. Ich sprach mit ihr kurz vor meinem Abflug nach New York. Dorle und meine Mutter sehen sich oft, reden viel miteinander, aber über Gerdas Kind haben sie seit den Nachkriegstagen nicht mehr gesprochen, sonst könnten ihre Schilderungen nicht so sehr voneinander abweichen. Dorle glaubt, das SS-Wachpersonal habe das versteckte Neugeborene entdeckt und an einer Wand zerschmettert.

Ich kannte lange Jahre nur die Fassung meiner Großmutter. So hatte ich die Geschichte immer wieder gehört. Eine Mutter, die ihr eigenes Kind töten muss, weil sie es vor einem viel schrecklicheren Sterben bewahren will.

6. Tag: New York, 16. Oktober 2004

Da Gerda an den Vortagen ihre Schwangerschaft erwähnt hatte, war es nun auch unausgesprochen klar, dass sie mir von der Geburt erzählen würde und vom weiteren Schicksal des Kindes. Wir wissen beide, dass der Tag heute gekommen ist, der Weg des Erzählens hat uns hierher gebracht.

Ich klingele, gehe durch das Foyer, das mit seinen rosa-weißen Tapeten, den hellen Stuckelementen und würdevoll nachgedunkelten Messinggeländern wie die Dekoration eines Hollywood-Films der dreißiger Jahre wirkt. Wie gewohnt wartet Gerda oben schon auf mich an der Wohnungstür, wie immer sieht sie frisch und ausgeruht aus, was sie erwartungsgemäß zurückweist, als ich es ihr sage. Sie schlafe ja überhaupt nur noch sehr wenig. Ihr graues Haar, das so dicht aussieht, als könne man es mit einer Bewegung dauerhaft in jede gewünschte Richtung bringen, hat sie nach hinten gekämmt, die goldene Kette und die Ohrringe beleben das wie stets dezent geschminkte Gesicht. Gerda ist eine schöne Greisin, die sicher genauso gepflegt in der Wohnung herumlaufen würde, wenn sie niemanden zu Besuch erwartete.

Wieder setzen wir uns einander gegenüber an den großen Esstisch, auf die harten Stühle, auf denen man nur aufrecht sitzen kann. Ohne dass wir darüber gesprochen hätten, ist dieser Tisch von Anfang an der richtige Ort im Zimmer.

»Es war eine schwere Geburt«, beginnt Gerda. »Ich hatte kaum Kraft, es hat viele Stunden gedauert. Niemand sah in dieser Zeit nach mir. Aber das Kind hat gelebt, auch wenn es winzig war.« Es gab keine Windeln, dafür benutzte sie ein paar Streifen Papier. Sie hatte nur wenig Milch, aber neben ihr lag eine sehr kräftige Russin, die ebenfalls gerade entbunden hatte. Sie stillte nicht nur Gerdas Kind, sondern noch andere Babys.

Dann taucht aus Gerdas Erinnerung ein Detail auf, für das sie keine Erklärung hat. Es dauert lange, bis sie es ausspricht, bis sich ein Satz aus den Wörtern bildet, die plötzlich in ihr aufsteigen. Wie es scheint, erinnert sich Gerda zum ersten Mal wieder daran, dass ihr die Brüste abgebunden oder vielleicht auch eher nach oben gebunden wurden, aber warum das geschah, kann sie sich nicht erklären.

Ich frage später Maren Eißmann danach, eine Berliner Hebamme, die beide Kinder eines Freundes auf die Welt gebracht hat. Wie so viele Menschen, mit denen ich über Gerda spreche, ist auch sie tief berührt. Das Abbinden kann nur einen Grund haben, meint sie, so verhindere man, dass die Milch in die Brüste schießt. Frauen, die im Mittelalter nicht stillen wollten, weil sie das einer Amme überließen, wandten diese Methode an.

Schon bald wurde der Russin untersagt, das jüdische Kind zu stillen. Gerda konnte es mit ihren abgebundenen Brüsten nicht tun. Sie berichtete von diesen furchtbaren Maßnahmen so, als seien sie nicht Teile einer Kette, die unerbittlich zum Tod des Kindes führte. So, als weigere sie sich, die Vorstellung zuzulassen, jemand könne all dies getan haben, um unbegreiflicherweise ihr Baby umzubringen.

Das Abbinden der Brüste, das nur ganz nebulös in ihrer Erinnerung vorkommt, die stillende Russin – sie erzählt davon so, als hätte das eine nichts mit dem anderen zu tun, als seien dies nicht Teile eines einzigen Vorsatzes, eines Mordplans. Gerda musste tatenlos mit ansehen, wie das Kind neben ihr immer schwächer wurde.

Dann sagt sie den Satz, der alle dramatischen Varianten, die ich jahrzehntelang kannte, in einer viel einfacheren und schrecklicheren Wahrheit auflöst: »Es ist in meinen Armen verhungert.«

Sie hat den Kopf in ihre linke Hand gestützt, die rechte liegt zur Faust geballt auf ihrem Oberschenkel, sie zittert ganz leicht, kaum spürbar. Gerda weint, leise, beherrscht, als gehöre es ganz natürlich zur Arbeit des Erzählens, die sie sich nach sechzig Jahren Schweigen nun auferlegt hatte.

Ich lege meine Hand auf ihre Faust, die sich nicht öffnet, und spüre, dass ich nicht mehr tun kann, dass ich als Nachgeborener und Mann ausgeschlossen bin von ihrem Erinnern. Meine Anwesenheit ist im Grunde entbehrlich, denn Gerda spricht für sich aus, was sie zwar nie vergessen, aber als Tatsache auch nicht zulassen wollte. So wie sie ihr langes Schweigen mit sich ausgemacht hat, bestimmt sie nun das Erzählen, es ist ihre Entscheidung zu sprechen und den Schmerz auszuhalten.

Erst jetzt, durch Gerdas Tränen, durch ihre wenigen Sätze und die lange Stille dazwischen, hat dieses Kind eine Realität erhalten, und mir fallen deshalb Fragen ein, die ich mir bisher nie gestellt hatte.

»War es ein Junge oder ein Mädchen?«

»Ein Mädchen«, sagte Gerda sehr leise.

»Hatte es einen Namen?«

Gerda atmet tief. »Sylvia.«

»Hast du wirklich daran geglaubt, du könntest das Kind durchbringen?«

»Ja, ich habe daran geglaubt. Ich habe versucht, es am Leben zu erhalten«, und sie fügt hinzu, als würde dies alles erklären: »Ich habe ihm doch einen Namen gegeben.«

Die Front rückte in jenen Tagen immer näher. Die SS zerstörte im November 1944 die Gaskammern, um die Spuren zu verwischen. Aber im Krankenbau band jemand einer jungen Mutter die Brüste ab und ließ sie zusehen, wie ihr Kind verhungerte.

Ich stelle mir Schreie und Weinen vor, aber Maren, die Hebamme, sagt mir, dass hungernde Kinder in ihrer Schwäche immer stiller werden. Dies sei ja das Gefährliche daran, dass man ihren Zustand gar nicht bemerke.

Auch Gerdas Kind wurde immer ruhiger, bis es aufhörte zu atmen. Sie wollte dieses Sterben nicht wahrhaben, redete sich ein, das Baby sei nur eingeschlafen. Das sagte sie auch, als man kam, um die Tote zu holen. »Sie schläft.«

Man entriss ihr das tote Kind. Wo es hinkam, weiß Gerda nicht. Sicher auf einen der Leichenberge vor der Baracke und dann ins Krematorium.

»Sie hätten es nach der Geburt gleich wegbringen sollen. Warum haben sie es mir überhaupt gezeigt?« Es sind die ersten Sätze, die Gerda nicht ruhig spricht. Sie ruft sie in den Raum hinein, nur zufällig in meine Richtung, denn ich bin nicht der Adressat dieser Frage, auf die ich so wenig eine Antwort weiß wie sie.

Erst später, in Auschwitz selbst, komme ich auf eine Spur, finde einen möglichen Grund dafür, warum man dort ein Kind auf die Welt kommen ließ, um es dann einem tagelangen Sterben auszusetzen. Aber die Erklärung passt nur in das System des KZ, sie ergibt in der Normalität unseres Lebens keinen Sinn, auch nicht für Gerda, die sich mit ihrem Schweigen so lange und mit großer Anstrengung geweigert hat, Auschwitz

Macht über ihr Leben zuzugestehen. In New York glaube ich noch, es müsse sich mit unseren Begriffen und Mustern erklären lassen, was geschah, und zeige damit nur, wie wenig ich noch immer von Auschwitz verstanden habe.

Gerda hat ihre Tränen abgewischt. Sie steht auf, holt Brot und Lachs aus der Küche, setzt Wasser für Kaffee auf. Die letzten Stunden haben sie sehr angestrengt, und ich spüre, dass sie erschrocken ist über ihren Mut zum Erzählen.

Jetzt gilt ihre Sorge wieder dem Naheliegenden – Steven, dem Sohn, der von all dem keine Ahnung hat. »Wenn er das erfährt … Er hat sich immer so sehr Geschwister gewünscht.«

Schon einmal hat Gerda diese Geschichte erzählt, kurz nach dem Krieg. Ein junger Mann mit journalistischen Ambitionen habe sie befragt, der Sohn des SPD-Funktionärs, der ihr in Pankow eine Wohnung zugewiesen hatte. Der Autor habe ihr einen Durchschlag seines Berichtes gegeben, den sie mit nach Amerika genommen habe. Ob er jemals veröffentlicht worden sei, wisse sie nicht, halte es aber für unwahrscheinlich.

Den ganzen Nachmittag habe sie gestern gesucht, aber es sei vergeblich, der Text bleibe verschwunden. Sie habe ihn sicher doch weggeworfen, aus Angst, Steven könnte ihn irgendwann einmal finden und ahnen, worum es darin ging. Dabei sei dieser Bericht gleich doppelt verschlüsselt, einmal durch die fremde Sprache, zum anderen durch die Verkleidung als eine andere Person.

»Ich habe ihm nicht gesagt, dass ich es war, der das alles widerfahren ist. Ich erzählte von einer Frau, die ich kannte, mit der ich in derselben Baracke gelebt hatte und die ihr Kind verlor.« Gerda besaß nur ein Maschinen geschriebenes Manuskript, für das ich viel geben würde, eine Schilderung unmittelbar nach dem Durchleben, eine genauere Beschreibung, wenn auch im Gewand einer erfundenen Frau.

Doch Steven hat seiner Mutter einmal ein verhängnisvolles Geschenk gemacht: einen Reißwolf. Er sollte verhindern, dass sich Betrüger im Hausmüll über Kontonummern und Kreditkarten informieren können. Ganz sicher ist sich Gerda nicht, aber vermutlich hat sie das Blatt in diesem auf dem bunten Teppich im Wohnzimmer so deplaziert wirkenden Apparat verschwinden lassen.

Vielleicht ist die Maschine nur dieses eine Mal zum Einsatz gekommen. Gerda bemerkt meinen traurigen Blick und tröstet mich sehr entschlossen. »Der Text war furchtbar, ich mochte ihn überhaupt nicht. Er war wertlos.«

»Was war daran so schlecht?«

»Er war entsetzlich geschrieben, man konnte das überhaupt nicht lesen. Kitsch.«

»Was zum Beispiel, was missfiel dir so?«

Gerda sucht die Sätze in ihrer Erinnerung ab, bleibt an einem Wort hängen.

»Wie heißt dieses Wort INBRÜSTIG?«

»Inbrünstig.«

»Genau, inbrünstig.« Sie spricht das Wort mit gespitzten Lippen aus. »Sie kämpfte inbrünstig um das Leben dieses Kindes. Solche Sätze hatte er geschrieben, ich fand das ganz falsch.«

Nach einer kleinen Pause wage ich Gerda, für die Sprache kein gewohntes Arbeitsmaterial ist, danach zu fragen, was sie denn gesagt hätte. Wie hätte sie diesen Satz geschrieben? Gerda überlegt lange. Sie sucht nach dem richtigen Ausdruck, sieht an die Decke, hört in sich hinein.

»Sie hatte den *Willen.*« Gerdas Fingerspitzen berühren sich.

Mit den Handrücken schiebt sie das gefundene Wort nachdrücklich zu mir herüber, wie mit einem Pflug auf der Tischfläche.

»Das hätte ich gesagt: Sie *wollte*, dass es lebt.«

Nicht einmal nennt Gerda einen der Mörder, nicht einmal taucht ein Name oder ein Gesicht in ihren Erzählungen auf, eine besonders verhasste Gestalt, die sich durch ihre Untaten in ihrem Gedächtnis erhalten hat. Gerda hat sie alle ausgelöscht. Manchmal werden die SS-Leute von ihr als »sie« bezeichnet, eine dumpfe anonyme Masse, aus der kein Mensch hervortritt, auch nicht durch seine Verbrechen. Sie sagt auch selten »Auschwitz«, als wäre schon das Aussprechen dieses Ortsnamens mit einem Fluch belegt. Sie sagt: »Ich war im Lager.«

Die Täter verschwinden in ihrer Erinnerung, als seien sie es eben nicht wert, in der Zeit weiter zu existieren. Mich erstaunt diese Vollständigkeit der Auslöschung. Ich hatte mir vorgestellt, der Hass müsste das Abbild tief ins Gedächtnis gebrannt haben, noch nach Jahrzehnten müsste jedes Gesicht, in das man doch mit Schrecken sah, lebendig und furchtbar vor einem stehen.

In Berlin sehe ich mir eine Ausstellung über die Auschwitz-Prozesse an, die in den sechziger Jahren die Bundesrepublik erschütterten. In kleinen Kabinen laufen ununterbrochen Tondokumente der Verhandlungstage, mühsame Schilderungen der Zeugen, erschütternde Details von Folterungen und Morden.

Ich rufe Gerda ein paar Tage später an und frage, ob sie sich an diesen Prozess in Frankfurt am Main erinnere, ob sie ihn damals wahrgenommen habe. Ja, natürlich habe sie das. Ihr Nachbar sei sogar hingefahren, Sally, als Zeuge sei er dort gehört worden. Als er wiederkam, sei er völlig verstört gewesen und hätte unter Angstzuständen gelitten. Seine Frau, eine gute Freundin von Gerda, erzählte ihr, der Mann fürchtete, die in Frankfurt Verurteilten würden wieder frei kommen und ihn dann verfolgen. Er kaufte sich ein teures Sicherheitsschloss, doch die Angst verließ ihn nicht mehr. In den folgenden Jahren hätte der Mann immer öfter zu Tabletten gegriffen und sich schließlich umgebracht. Sally hatte sechs Jahre Auschwitz überlebt, um sich hier in New York das Leben zu nehmen.

Ob sie damals so etwas wie Freude darüber empfunden habe, dass einige der Täter hinter Gitter gekommen seien?

Doch, das hätte sie gefreut. Aber wirklich wichtig sei es nicht gewesen. »Ich wollte ja alles vergessen, was mit Auschwitz zu tun hatte, darum habe ich sicher auch die Gesichter der Verbrecher verdrängt. Alle.«

Eine Freundin von Gerda, KZ-Überlebende auch sie, hat einmal ausführlich Auskunft gegeben. Die Shoah-Foundation des Regisseurs Steven Spielberg sammelt Berichte der Opfer, auch bei Gerda hatte man angefragt. Da sie zögerte, lud die Freundin sie ein, bei ihren Aufnahmen dabei zu sein. So hörte sich Gerda das Leben der Frau, die in eine Kamera sprach, an und beschloss für sich, es ihr nicht gleich zu tun.

Weitere Jahre schwieg sie und setzte innerlich das Werk der Verdrängung fort, löschte Namen und Gesichter und Bilder, von denen ein schwacher Abdruck blieb, Schemen, die sich nie ganz verjagen ließen. Die Fragen ihres Sohnes wies sie ab, obwohl er immer wieder drängte und Antworten suchte. »Stell dir vor, Schindlers Liste hat er dreimal gesehen!« Und er versuchte immer wieder, vergeblich, seine Mutter mit ins Kino zu nehmen.

Steven wittert in ihrem Verhalten ständig Auschwitz. »Wenn ich Essen so aufhebe, als seien es die letzten Rationen, dann ist das Auschwitz«, erzählt sie mir, während sie die Reste eines gemeinsamen chinesischen Essens im Kühlschrank verstaut. Auch die Rente, die Gerda vom deutschen Staat erhält und die ihr ein Leben in bescheidenem, aber gesichertem Wohlstand ermöglicht, beargwöhnt ihr Sohn. Blutgeld sei das. Nur vorsichtig wage ich einzuwenden, dass dieses Geld, das ihr ohne Frage einfach zustehe, auch seine Existenz abfedere, die Beschäftigung seiner Therapeuten finanziere und nicht durch einen Verrat oder ähnlich schändliche Taten verdient worden sei, was die Bezeichnung Blutgeld rechtfertigen würde, sondern durch unvorstellbare Leiden.

»Deine Großmutter hätte mir sicher genauso geholfen, wie Hilde es tat«, sagt Gerda. Aber Großmutter war ab 1942 nicht mehr in Berlin, vermutlich hat sie die Stadt im Frühjahr verlassen. Mit ihrem Mann und den drei Töchtern zog sie nach Kladno, in eine Industriestadt in Mittelböhmen, nahe Prag. Schon früh habe ich erfahren, was dort geschah, an welchen Vorgängen der Mann beteiligt war, den ich als freundlich lächelnden, uniformierten Herrn mit Glatze von einem Foto kannte, gerühmt als wundervoller Familienvater, der er ohne Frage auch war. Es schockierte mich tief und beschämte mich und verstärkte den Wunsch, mir eine Familiengeschichte zusammenzusetzen, in der ich mich wohler fühlte, mit Gerda als Blutsverwandter, mit irgendwie jüdischen Wurzeln, für die es in Wirklichkeit keinerlei Anhaltspunkt gibt, weder väterlicher – noch mütterlicherseits.

Da die Verbrechen, in die mein Großvater verwickelt war, an einem Ort begangen worden waren, von dem jeder schon gehört hat, der zum weltweit bekannten Symbol für den Nazi-Terror geworden war, habe ich ihn nie erwähnt, sondern mich auf dem Schulhof lieber meiner vermeintlichen jüdischen Tan-

Mit ihrem Mann und den drei Töchtern zog meine Großmutter 1942 nach Kladno, eine Industriestadt in Mittelböhmen. Auf dem Hochzeitsfoto meiner Großeltern ist auch Gerda zu entdecken, die Zweite in der zweiten Reihe von rechts.

te im fernen New York gerühmt. Niemand hat das je hinterfragt, vermutlich weil jeder es ohnehin als das erkannte, was es war – eine Aufschneiderei.

Großvater war als Gendarm im Dienstrang eines Oberwachtmeisters ins besetzte Tschechien versetzt worden. Damit unterstand er dem Reichssicherheitshauptamt und erhielt die Tätowierung seiner Blutgruppe auf die Innenseite des Oberarms, so wie die SS-Männer, damit im Falle einer Verwundung sofort die richtigen Blutkonserven verwendet werden konnten. Als er mit dieser Markierung nach Hause kam, sagte er zu meiner Großmutter, dies würde ihm einmal zum Verhängnis werden. Vermutlich hatte er damit Recht.

Sie lebten in Kladno zunächst in einer provisorischen Unterkunft, bis die eigentliche Wohnung in der Stulzgasse 1525 fertig war. Meine Großmutter ging nicht arbeiten, nähte aber natürlich zu Hause für die Kinder und Bekannten. Sie muss zu

Einheimischen Kontakte gepflegt haben, zumindest erinnert sich meine Mutter an gelegentliche Besuche. Und Großmutter lernte, wie man das köstliche Hefegebäck zustande brachte, die Buchteln, deren Duft sich für mich auf immer mit ihr verband. Diese drei Jahre in Tschechien lebte sie mit ihrer großen Familie auf einem Standard, den sie nie wieder erreichte. Sie hatte Zeit für die Kinder und ihren Mann, der einen geregelten Dienst versah. Es müssen in einem gewissen Sinne ihre besten Jahre gewesen sein, aber ich habe von ihr nie etwas in dieser Richtung vernommen. Sicher war ihr in dieser Zeit immer bewusst, dass sie in einem haltlosen, auf Unrecht bauenden und befristeten Zustand lebte, der dann tatsächlich im Chaos endete.

Große Teile der Altstadt Kladnos wurden in der sozialistischen Ära abgerissen und durch langweilige Plattenbauten ersetzt. Das Haus, in dem meine Großeltern lebten, hat sich erhalten, aber ich brauche lange, bis ich es finde. Der stellvertretende Bürgermeister der Stadt, Miroslav Vacek, ein junger Mann von gerade mal zweiunddreißig Jahren, hilft mir dabei, er schickt seine Mitarbeiterin immer wieder in das Archiv, aus dem sie zunächst mit den Bauplänen des Hauses von 1902 zurückkehrt. Der Steinmetz Josef Mayer hatte es sich gebaut. Die schön gegliederte Stuckfassade kenne ich noch von einem alten Foto.

Während die Frau weiter sucht, erzählt mir Vacek, der zur konservativen Partei gehört, dass Kladno früher eine rote Stadt gewesen sei, jetzt aber mehrheitlich blau wähle, was in der deutschen Farbensymbolik schwarz bedeuten würde.

Später findet sich noch eine Baugenehmigung an, aus dem Jahre 1925, erteilt für das Gartenhaus auf dem Hof, auf dem meine Mutter und mein Großvater mit dem Luftgewehr Schießübungen veranstalteten. Die Straße sei inzwischen umbenannt worden, sie heiße jetzt Slanska, findet der Bürgermeister heraus.

Diese abschüssige, dörflich wirkende Gasse ist durch eine Autostraße vom Zentrum der Stadt abgeschnitten. Das Haus wurde kürzlich zu einer strahlend weißen Zahnklinik umgebaut, in einer radikalen Sanierung, die vom Stuck der Fassade nichts übrig ließ, und das Gartenhaus ist zugunsten einer Garage verschwunden.

Hier ist Großvater mit seinem Dienstfahrrad entlang geradelt. Auf dem Gepäckträger ließ er seine Kinder Platz nehmen oder die der Nachbarn, eines nach dem anderen fuhren sie den Hügel hinab. Die Eltern mögen hinter den Gardinen gestanden und ihn gehasst haben, vielleicht gerade, weil er es ihnen so schwer machte, ihn zu verabscheuen.

Großvater hatte sich wohl immer darum bemüht, ein »guter« Besatzer zu sein, der das Schicksal der Besetzten durch Verständnis und Mitgefühl mildert. Das entsprach nicht nur seinen politischen Überzeugungen, sondern vor allem seinem ausgleichenden, menschenfreundlichen Naturell und seinem von vielen bezeugten Verlangen, sich mit jedem gut zu stellen.

Er war alles andere als ein strammer Polizist und nahm es mit den Dienstpflichten nicht allzu genau. Ein Vergehen brachte ihn sogar für kurze Zeit hinter Gitter. Der starke Raucher, der er zeitlebens war, gewann die Oberhand über etwaige Skrupel. Er stahl drei Stangen beschlagnahmter Zigaretten und wurde dafür nach Prag gebracht. Die Haft muss immerhin so lange gedauert haben, dass meine Großmutter ihn mit den Töchtern mehrfach dort besuchte. Die Geschichte wurde bei uns immer mit großem Vergnügen erzählt, offenbar fand niemand, schon damals nicht, irgend etwas Schändliches an dem Vorfall, der dann wahrscheinlich keine weiteren Konsequenzen für ihn hatte.

Die Illusion, wenn mein Großvater sie denn hegte, ein menschlicher Besatzer sein zu können, zerschlug sich schon nach wenigen Wochen.

Meine Mutter erinnert sich an jene Nacht, nach der keine Selbsttäuschung mehr half. Sie wachte von lautem Weinen auf. Nie vorher und nie nachher hörte sie ihren Vater weinen. Es muss so erschütternd für das Mädchen gewesen sein, dass meine Mutter noch heute nur schwer darüber reden kann. Sie ging hinaus, sah ihren Vater schluchzend am Küchentisch sitzend, Großmutter stand stumm dabei. Meine Mutter fragte am nächsten Morgen, was in der Nacht geschehen sei und musste mehr als drei Jahre auf eine Antwort warten. Erst nach dem Krieg erklärte meine Großmutter ihrer Tochter wahrheitsgemäß, warum der Vater in der Küche zusammengebrochen sei.

Am 27. Mai 1942 wurde auf den stellvertretenden Reichsprotektor von Böhmen und Mähren, der besetzten Tschechei, den SS-Obergruppenführer Reinhard Heydrich in Prag ein Attentat verübt.

Heydrich, eine besonders sinistre Figur des Nazi-Regimes, starb am 4. Juni an den Folgen des Anschlags. Als Vergeltung sollte ein ganzes Dorf dem Erdboden gleichgemacht werden. Die Wahl fiel auf die fünfhundert Einwohner zählende Gemeinde Lidice, sehr nahe bei Kladno gelegen. In der Nacht vom 9. zum 10. Juni wurde das Dorf umstellt, jeder durfte hinein, aber niemand mehr heraus.

Kinder und Frauen wurden zunächst in die Schule gebracht, wo man ihnen die Wertsachen abnahm. Alle Männer ab fünfzehn Jahre trieben die Truppen auf den Horak-Hof. Später wurde selbst ein Mann, der sich ein Bein gebrochen hatte, aus dem Krankenhaus geholt und ermordet. Auch zwei Jungen, die

Großvater, Fünfter von rechts, in der Uniform der Gendarmerie in Tschechien, hatte sich wohl immer bemüht, ein »guter« Besatzer zu sein.

zunächst verschont blieben, weil man sie irrtümlich für jünger als fünfzehn Jahre hielt, wurden später hingerichtet.

Die Erschießung der hundertdreiundsiebzig Männer durch ein zwanzigköpfiges Polizeikommando begann in dieser Nacht, nachdem die Kinder und Frauen aus dem Ort verschleppt worden waren. Sie wurden von der Gendarmerie des Oberlandrates Hense abgeführt und in die Schule von Kladno gebracht. In diesem Kommando befand sich mein Großvater. Er hat die Frauen und Kinder von Lidice bewacht, die drei Tage und zwei Nächte in völliger Ungewissheit über ihr weiteres Schicksal in der Turnhalle verbrachten. Als mir klar wurde, dass mein Großvater mit großer Sicherheit keinen Schuss in Lidice abgegeben hatte, war ich für einen Augenblick erleichtert, so als hätte ich nicht selbst immer gemeint, jeder Eisenbahner, der für den reibungslosen Verkehr auf den Strecken in die Vernichtungslager sorgte, trüge seinen Teil an Schuld. Ich hatte mich gewundert, durch wie viele Hände Gerdas Akte gegangen war und an jeder von ihnen klebte für mich Blut, aber meinen Großvater sah ich als entlastet an, weil er nicht für das Erschießungskommando ausgewählt worden war.

Die Verschleppung der hundertachtundneunzig Frauen und achtundneunzig Kinder nach Kladno war nur ein aufgeschobener Mord. Die Turnhalle war für die meisten von ihnen ein Wartesaal vor dem Tod.

Das Gymnasium von Kladno mit seiner verschwenderischen Jugendstilarchitektur ist eines der schönsten Schulgebäude, das ich kenne. Umgeben von trostlosen Neubauten behauptet das strahlend gelbe Gebäude mit seinen grünen Fensterrahmen und seinem reichen figürlichen Schmuck eine Leichtigkeit und Heiterkeit, die man jeder Lehranstalt wünschte. Überall sind Eulen als Symbole der Weisheit in die verschlungenen Ornamente eingearbeitet worden.

Meine Mutter hat diese Schule besucht. Sie erinnert sich genau an den Sportunterricht in der Turnhalle, die ich mehr als sechzig Jahre später betrete. Der große, holzgetäfelte Saal ist wie die gesamte Schule vor nicht allzu langer Zeit saniert worden. GESTAPO-Männer sollen 1942 in die Decke geschossen haben, um einen Tumult der verängstigten Frauen zu beenden, doch davon ist nichts mehr zu sehen. An der Außenwand der Halle hängt eine Gedenktafel für die Opfer von Lidice.

»Als wir in der Nacht nach Kladno kamen, war bereits alles vorbereitet. Das Schulgebäude war hell erleuchtet. Den Boden der Turnhalle hatten sie mit Stroh ausgelegt, darauf mussten wir drei Tage ausharren, unter immer schlimmer werdenden hygienischen Bedingungen.« Miroslava Kalibova war damals zwanzig Jahre alt. Ich lerne sie im Kulturhaus des nur unweit des alten Ortes wieder aufgebauten Lidice kennen, eine rüstige alte Dame mit fröhlichen Augen und vielen Lachfalten, die mit der größten Selbstverständlichkeit auf mich zugeht und mir die Hand schüttelt. Beim Erzählen sucht sie manchmal nach dem passenden deutschen Wort, dabei sieht sie nach unten, brummt leise und schurrt mit dem Fuß ungeduldig auf dem Boden, bis ihr der richtige Ausdruck einfällt. Dann sieht ihr Gesicht noch heiterer aus. Ich mag sie sofort und frage mich, warum ich bei meinen Begegnungen mit den überlebenden Frauen, ob mit Gerda in New York oder mit Miroslava in Lidice, solches Glück habe, warum ich nie auch nur auf die geringsten Anzeichen von Unbehagen oder Zurückweisung gestoßen bin.

Wohin ist der Groll verschwunden, der sich doch in ihnen aufgestaut haben muss? Ich habe bei diesen Frauen nicht mal eine Spur davon gefunden, als hätten sie den Hass nicht zugelassen, als hätten sie ihn bewusst zertrümmert, damit er nicht auf ihnen laste. Übrig blieb so etwas wie ein Erstaunen, eine ungläubige Verwunderung über das, was ihnen widerfahren ist. »Lidice war unmöglich«, sagt Mirolava zu mir.

Ihr Vater, Jaroslav Suchánek, einst ein umworbener Küchenchef und Verfasser mehrerer Kochbücher, war mit den anderen Männern in der Nacht erschossen worden. Sie kam mit ihrer sechzehnjährigen Schwester und der Mutter in einem LKW nach Kladno. Die Fenster in der Turnhalle durften nicht geöffnet werden, erinnert sie sich. Sie saßen dicht gedrängt, Frauen aller Altersgruppen und Kinder, das jüngste sechzehn Tage alt.

Da Miroslava in der Schule Deutsch gelernt hatte, fragte sie die Wachhabenden, was mit ihnen geschehen würde. Aber kein Einziger habe geantwortet. Sie hätten sich abgewandt und geschwiegen. Unter diesen Schweigenden wird auch mein Großvater gewesen sein.

Keine der Frauen verstand, warum immer wieder Mütter mit ihren Kindern aus der Halle geholt und in einem abgesonderten Raum nach ihren Vorfahren befragt wurden. Die Schädel der Kinder wurden vermessen, Augen- und Haarfarbe in Listen eingetragen. Die Deutschen suchten Kinder aus, die »arisiert« werden, also zwangsweise in deutsche Familien gebracht werden sollten. Zu ihnen gehörte der damals dreijährige Vaclav Zelenka. Er verlor in Lidice den Vater, an den er keine Erinnerung mehr hat, und zwei Onkel. Seine Großmutter wurde in Auschwitz ermordet.

Nach Aufenthalten in mehreren Heimen wurde er von einer deutschen Familie als Rolf Wagner zwangsadoptiert. Er kam nach Dresden, am 13. Februar 1945, dem Tag der Zerstörung der Stadt. Erst 1947 kehrte er zu seiner Mutter zurück, die drei Jahre KZ überlebt hatte. Heute ist er Bürgermeister der Gemeinde Lidice.

Der schwerste Augenblick in der Turnhalle kam am dritten Tag, als man die Kinder ihren Müttern entriss. Die GESTAPO-Männer hatten den Frauen gesagt: »Ihr wisst, was geschehen ist. Ihr müsst dafür büßen.« Sie kündigten den Frauen den baldigen Abtransport mit Zügen vom Bahnhof Kladno an. Die Kinder würden aus Gründen der Bequemlichkeit mit Bussen reisen, deshalb würden sie jetzt weggeführt und ihnen später im Lager wieder übergeben. Miroslava Kalibova sieht noch vor sich, wie sich die Kinder anklammerten, wie sie mit Gewalt von den verzweifelten Müttern getrennt wurden. Sie hört noch die Schreie und die vergeblichen Bitten der Kleinen, die sich vor den uniformierten Männern fürchteten, sie nicht herzugeben.

Die GESTAPO hatte die Frauen belogen. Die Kinder wurden zunächst in eine ehemalige Textilfabrik nach Lodz gebracht, ohne jede Versorgung, nur mit der Kleidung, die sie am Leibe trugen. Später hat man sie im KZ Chelmno vergast. Ein Denkmal in Lidice erinnert an diese zweiundachtzig ermordeten Kinder.

Miroslava erzählt mir, wie sie mit den Frauen, darunter auch ihre Schwester und ihre Mutter, die beide ebenfalls überlebt haben, nach Ravensbrück kam. Als erstes fragten die Mütter nach ihren Kindern. Aus dem halb geöffneten Fenster einer Baracke kam die Antwort: »Hier gibt es keine Kinder. Das ist ein Konzentrationslager.«

Die Frauen, die überlebten, erfuhren erst nach drei Jahren KZ-Haft, bei ihrer Rückkehr in die Heimat, was mit ihren Männern, ihren Kindern, ihrem Dorf geschehen war.

In den drei Tagen wurden die Wachen in der Turnhalle sicher mehrfach abgelöst. Wurde mein Großvater Zeuge dieser Trennungsszenen? Wie konnte er, der liebende Vater, dem seine Kinder über alles gingen, diesen Anblick ertragen? Er war nie Nazi, ist niemals in die Partei gegangen. Er muss gewusst haben, dass hier Unschuldigen entsetzliches Unrecht widerfuhr. Er konnte sich keine ideologische oder rassistische Rechtfertigung für das zurechtlegen, woran er beteiligt war. In der Nacht, als meine Mutter, damals ein Mädchen von zehn Jahren, ihn weinen sah, hatte er trotz der Pflicht zur Verschwiegenheit seiner Frau offenbart, was geschehen war, und sie hat es später ihrer Tochter nicht verheimlicht. Er vertraute meiner Großmutter also ohne Einschränkungen, und beide wussten um das Ungeheuerliche dieser grausamen Vergeltungsaktion.

Dieser Wachdienst bei den Frauen und Kindern von Lidice war in unserer Familie kein Geheimnis. Hätte man auch so offen darüber gesprochen, wenn der Großvater aus dem Krieg zurückgekehrt wäre? Hätte er selbst darüber geredet, seinen persönlichen Anteil an der Ausrottung einer friedlichen Gemeinde zugegeben?

Ich überlege lange, ob ich es tun soll, hole schließlich aber ein Bild meines Großvaters in Uniform hervor und zeige es Miroslava Kalibova. »Das ist mein Opa, und er hat Sie damals in der Turnhalle bewacht.«

Sie schüttelt ungläubig den Kopf, das Lächeln verschwindet aber nicht von ihrem Gesicht, es verwandelt sich in einen Ausdruck fast amüsierter Verwunderung. »Das ist Ihr Opa?« Sie ist wirklich interessiert. »Hat er Ihnen etwas von damals erzählt?«

»Er ist verschollen, vermutlich in den letzten Kriegstagen umgekommen.«

Ich schildere ihr den weinenden Großvater an einem der Abende, als sie gefangen in der Turnhalle war, und hoffe, dass es nicht wie eine Entschuldigung klingt.

Sie zuckt mit den Achseln. Dann sagt sie etwas, das mich nach den langen und lebhaften Schilderungen des Leidens verblüfft: »Ich werde oft gefragt, wie ich über das Attentat denke, durch das unsere Tragödic ausgelöst wurde. Ich finde es trotz allem richtig. Wenn schon jemand sterben muss, dann doch derjenige, der die Befehle gab. Und das war Heydrich.«

Ich gehe mit dieser zierlichen Dreiundachtzigjährigen, die sich leichtfüßig bewegt, noch einige Schritte durch das neue Dorf Lidice. Ihr Haus ist von einem üppig bewachsenen Garten umgeben, in dem gerade ihr Enkel arbeitet, ein junger Mann. Ihr Ehemann ist vor einigen Jahren gestorben. Früher hat Miroslava das kleine Anwesen nur im Sommer oder an den Wochenenden genutzt, seit ihrer Pensionierung 1982 wohnt sie wieder ständig hier.

Vielleicht wird an diesem Ort in Tschechien besonders deutlich, dass nach einem solchen Verbrechen nichts mehr sein kann wie es war. Im neuen Lidice, mit seinen hübschen Häusern, sind die Bäume inzwischen hoch gewachsen, die Hecken dicht, aber auch, wenn Hühner zwischen den Grundstücken hin und her laufen, riecht es nicht nach Dorf, die Wände haben keine jahrhundertealten Geschichten aufgesogen. In einer sanft geschwungenen Mulde lag das alte Lidice. Noch in der Mordnacht wurde mit dem Niederbrennen begonnen, die Abrissarbeiten zogen sich monatelang hin, bis nichts mehr an den Ort erinnerte.

Ursprünglich war in den Wiederaufbauplänen auch eine Kirche vorgesehen, die dann aber gestrichen wurde wie das ebenfalls bereits projektierte Pfarramt. Die Barockkirche des alten Lidice war weithin für ihren prachtvollen Altar berühmt, aber auch wegen des silbernen Klangs seines Zimbelwerks. Der dreiundsiebzigjährige Pater dieser Kirche, Joseph Stemberka, der die Männer von Lidice auf ihren Tod vorbereitete, wurde als einer der letzten erschossen.

Wie sie hier leben könne, in der Nähe eines Denkmals, das sie ständig an den Verlust erinnern muss, frage ich Miroslava beim Abschied. »Hier sind meine Wurzeln«, sagt sie, lächelt und blickt hinüber zum Tal, in dem ihre Kindheit unterm Gras begraben liegt.

Das letzte Kriegsjahr erlebte die Familie meiner Großmutter im tschechischen Pardubice, wohin mein Großvater versetzt worden war. Ihre neue Wohnung lag in der Sladkowskygasse. In diesen geräumigen, vollständig eingerichteten Zimmern, die eine Etage eines zweistöckigen Hauses einnahmen, fand die deutsche Familie schwere, wertvolle Möbel vor, in den Küchenschränken stand das Geschirr und in den Schubladen lag das Besteck. Meine Großmutter wusste, dass diese Wohnung vorher einem jüdischen Arzt gehört hatte, dessen Schicksal sie zwar nicht kannte, aber ahnte …

In Pardubice wurde meinem Großvater nach drei Mädchen auch sein sehnsüchtig erwarteter Sohn geboren, an dem er sich nur noch wenige Monate erfreuen konnte. Der Junge hat seinen Vater nie gekannt, ist ihm aber im Verlauf seines Lebens bis in die kleinsten Gesten hinein so unglaublich ähnlich geworden, dass meine Großmutter deshalb eine felsenfest überzeugte Anhängerin der Vererbungslehre wurde. Die Gene bedeuteten ihr alles.

Anfang 1945 soll ein Brief eingetroffen sein, der meine Mutter in helle Aufregung versetzte, obwohl sie ihn nie lesen durfte. Sie fand ihn im Kasten und erkannte zweifelsfrei Gerdas Schrift. Ihre Eltern verboten ihr strikt, das Schreiben zu erwähnen und bestritten zugleich, dass es von Gerda stammen könnte.

Auch das Rätsel dieses Briefes wurde erst nach dem Krieg gelöst, aber nicht vollständig. Meine Großmutter bestätigte, dass er wirklich von Gerda stammte und verschlüsselt von ihrer geglückten Flucht und ihrem Wohlergehen berichtete.

Gerda hat daran keinerlei Erinnerungen und auch kein rechtes Zutrauen. »Selbst wenn ich die Adresse hätte in Erfahrung bringen können, warum sollte ich sie mit einem Brief gefährden?«

Meine Mutter aber hat bis heute keinen Zweifel an der Existenz dieses Briefes, den eine geflohene, versteckte Jüdin an ihre alten Freunde geschrieben haben könnte, die in einem unterdrückten Land als Vertreter der brutalen Besatzermacht lebten und schon spürten, dass ihre Tage dort gezählt waren.

Die Gendarmerie in Pardubice wurde sehr geordnet übergeben. Die letzten Zeugen haben meinen Großvater mit erhobenen Armen aus dem Gebäude kommen sehen. Danach wurde er zusammen mit anderen abgeführt und verschwand für immer. Alle Suchanträge meiner Großmutter blieben ergebnislos. Die Antwort auf ihre erste Anfrage, die sie an das Tschechische Rote Kreuz richtete, erhielt sie am 20. Mai 1948. Darin schreibt jemand mit dem Namen Keval in für mich überraschend höflichen Worten, so kurz nach dem Krieg, dass die Nachforschungen ergebnislos geblieben seien, so gern man ihr auch Auskunft geben würde. Ihr Mann habe sich niemals in tschechischer Gefangenschaft befunden. Möglicherweise könne sie etwas vom Roten Kreuz in Moskau erfahren, denn es sei anzunehmen, dass »er sich dort befindet«. So steht es wörtlich in dem Schreiben. Nicht einfach neue Informationen würde sie dort erhalten, sondern er selbst könne sich in Moskau aufhalten, und das machte meiner Großmutter wieder Hoffnungen.

Alle weiteren Auskünfte, die sie erhielt, sind nie weiter gegangen als dieser Maschinen geschriebene Brief aus Prag, der zu den wenigen Dokumenten gehört, die es heute noch von meiner Großmutter gibt, während sie andere Briefe, Auskünfte von verschiedenen Dienststellen einfach wegwarf. Sie hat nur dieses erste Schreiben sorgfältig aufgehoben, vielleicht weil sie ahnte, dass es das wichtigste und nicht mehr widerlegbare sein würde.

Am 19. Oktober 1950 ließ sie ihren Mann vom Amtsgericht Berlin-Mitte für tot erklären. Daran geglaubt hat sie vielleicht bis zu ihrem eigenen Ende nie ganz, obwohl sie uns immer wieder erklärte, wie sehr er sie und die Kinder geliebt habe und dass er ganz sicher zu ihnen zurückgekehrt wäre, wenn er überlebt hätte. Auch ich habe noch einmal versucht, Auskunft über das Schicksal meines Großvaters zu erhalten, doch keine einzige Spur gefunden.

7. Tag: New York, 17. Oktober 2004

Gerda musste kurz nach der Entbindung und dem Tod des Kindes wieder mit den Kolonnen der Frauen zu den Arbeitseinsätzen ausrücken, in der klirrenden Kälte des Winters. Sie war völlig entkräftet von den seelischen und körperlichen Qualen der vergangenen Wochen, begann aber schon darüber nachzudenken, wie sie die immer deutlicher werdende Auflösung für ihr Entkommen nutzen könnte. Ein Plan fiel ihr wieder ein, den sie schon bei der Fahrt nach Auschwitz gefasst hatte, der sich aber damals nicht verwirklichen ließ.

Gerdas Flucht: Von allen Geschichten über sie, die mir meine Verwandten erzählten, wich diese am wenigsten von der Wirklichkeit ab. Gerdas Bericht deckte sich mit den Worten meiner Großmutter, nur einige Details, die mir schon immer unerklärlich waren, passten nicht zueinander.

Der Lebensretter, ein Soldat auf dem Weg in den Urlaub, soll sie mitgenommen haben zu seiner Familie nach Thüringen, dort, auf einem Bauernhof habe sie dann das Kriegsende abgewartet. Der Fronturlaub des Soldaten, das friedliche Gehöft im bergigen Thüringen – wieder staunt Gerda über die schöpferische Kraft der Familien-Erzählung, die erfindet, obwohl doch die Wirklichkeit viel dramatischer war. Aber noch mehr verwundert sie, dass ihr Leben überhaupt zum Gegenstand von Erzählungen und Legenden wurde, Menschen es weiter getragen und weiter gedichtet, sich Gerdas Erleben also angeeignet haben.

Die Geschichten hatten sich abgelöst von ihr und von der Wirklichkeit, fast unmerklich und nie mehr überprüft. Jetzt kehren sie mit mir zu ihr zurück, zu ihrem Ursprung, manche als entfernte Bekannte, die sich eine gewisse Ähnlichkeit bewahrt hatten, andere als völlig Fremde, die Gerda nicht wieder erkennt.

Am 17. Januar 1945 wurde in Auschwitz mit der letzten Phase der Evakuierung des Konzentrationslagers begonnen, nachdem bereits in den Vormonaten Tausende Gefangene in andere Lager im Westen verschleppt worden waren. Jetzt hetzte die SS noch einmal achtundfünfzigtausend Menschen auf Todesmärsche. Die im Lager Verbliebenen wurden am 27. Januar von der Roten Armee befreit.

Barfuß, durch Schnee und eisigen Wind, wurde auch Gerda mit einem Tross entkräfteter Frauen Richtung Bahnhof getrieben. Das Ziel sei Ravensbrück gewesen, erinnert sich Gerda, deren Lebensmut noch immer nicht erloschen war. Wer nicht weiter konnte, wurde am Wegesrand erschossen, etwa fünfzehntausend Häftlinge sind bei diesen gnadenlosen Märschen umgekommen.

Gerda trug eine gestreifte Jacke, die aber nicht mit einem Stern gekennzeichnet war. Irgendwo in den Wirren der letzten Tage im Lager hatte sie dieses kostbare, weil in gewissem Sinne neutrale Kleidungsstück gefunden. Eine Küchenfrau wollte es ihr abnehmen, erst da wurde Gerda klar, dass die Jacke für sie einmal von Wert sein könnte. »Wenn sie gut für dich ist, ist sie auch gut für mich«, entgegnete sie mit der überlebenswichtigen Lagerlogik.

Die Waggons waren schon stundenlang unterwegs. Bei einem Halt fragte Gerda einen Aufseher, ob sie austreten dürfe. Sie solle es doch gleich hier machen, vor dem Zug, sagte er nicht unfreundlich, die allgemeine Auflösung hatte wohl auch ihn erreicht. Nein, hier vor den Männern, das könne sie nicht. Also gut, dann solle sie unter den Zug klettern, da sehe sie niemand. Bis hierher funktionierte der Plan, dann kam das Glück hinzu. Unter dem Waggon hockend bemerkte Gerda plötzlich, dass sich ein Personenzug auf dem gegenüberliegenden Gleis langsam in Bewegung setzte. Für die Flucht, die zunächst einfach nur ins Freie führen sollte, gab es nun ein Ziel. Gerda sprang auf den anfahrenden Zug, klammerte sich an eine Tür, öffnete sie und verschwand im Inneren.

So hatte ich es immer wieder gehört: der ungeheure Zufall des anrollenden Zuges, die Schnelligkeit und Entschlossenheit der Flucht, der Sprung in die Ungewissheit. »Hast du nicht eher das Gefühl gehabt, in der Falle zu sitzen als gerettet zu sein? Dein Transport fuhr immerhin in den Westen, der Zug aber, in dem du warst, rollte doch wieder in den Osten.«

»Genau«, sagt Gerda und schiebt die Hände parallel zueinander in die entgegensetzte Richtung. »Ich fuhr zurück, das war mir auch klar. Aber welche Wahl hatte ich denn, ich konnte mir den Zug nicht aussuchen.«

Auf dem Gang fand sie eine kleine Kabine, in der sie sich versteckte, zu Atem kam, bis sich nach kurzer Zeit die Tür öffnete. Vor ihr stand ein Mann, »nicht mehr jung, so um die Fünfzig, in Uniform«.

»Ich habe Sie beobachtet, wie Sie aufgesprungen sind«, sagte er. »Das ist ein Militärtransport, es gibt in diesem ganzen Zug keine Zivilisten.«

Diese Auskunft ließ Gerda in Tränen ausbrechen. Sie saß in einem Zug voller Soldaten, die an die Front fuhren. Aber dieser Mann schien sich von ihnen zu unterscheiden. Wer sie sei, wollte er wissen, woher sie komme. Und Gerda sagte ihm weinend, sie sei Jüdin und käme aus dem Konzentrationslager Auschwitz. Die Flucht sei ihre Überlebenschance. Solche Sätze konnten damals tödlich sein, für den, der sie aussprach und für den, der sie hörte, aber Gerda muss in diesem Augenblick gespürt haben, dass die einzige Hoffnung in der unbedingten Wahrheit eben dieser Worte bestand. Ihr Gefühl täuschte sie nicht.

»Ich werde auch fliehen, desertieren, irgendwann in den nächsten Wochen, sobald die Gelegenheit dafür günstig ist. Haben Sie keine Angst, ich werde Ihnen helfen. Bleiben Sie ganz ruhig hier, ich besorge Kleidung.« Und Gerda wartete in der Kabine auf die Rückkehr des Mannes, der ihr Lebensretter werden sollte. Diese Zeitspanne, an deren Länge sich Gerda nicht erinnert, habe ich mir als furchtbare Augenblicke der Angst vorgestellt, der vollkommenen Ungewissheit. Doch Gerda war ganz ruhig.

Ob sie denn in der Zeit des Wartens nicht befürchtet habe, der Mann könne sie verraten, frage ich sie, könne sie abführen oder gleich erschießen lassen? »Nicht eine Sekunde, ich habe ihm sofort geglaubt. Ich weiß nicht warum. Er hatte etwas Vertrauenerweckendes.«

Der Mann kehrte zurück, hatte von irgendwo her einen Mantel und Stiefel besorgt.

Wie er sie aus dem Zug bringen konnte, ist nicht mehr aufzuklären. Gerda erinnert sich nicht daran, der Weg ist völlig ausgelöscht. Am Abend dann, es war schon dunkel, führte er sie durch die Straßen des Stationierungsortes, es war das schlesische Sagan, heute Zagan in Polen, eine Stadt mit einem sehenswerten Barockschloss, dessen Gründung auf Wallenstein zurückgehen soll.

Berühmt wurde Zagan durch eine spektakuläre Ausbruchsgeschichte, von der Gerda bei ihrer einsamen Flucht nichts ahnen konnte. Vor den Toren der Stadt lag das Kriegsgefangenen-Lager der deutschen Luftwaffe 3, auch Stalag Luft 3 genannt. Hier wurden Tausende Offiziere vieler Nationen gefangen gehalten, immer wieder unternahmen sie Fluchtversuche. Im März 1944 gelang achtzig Männern über einen einhundertelf Meter langen Stollen der Ausbruch, doch nur drei entkamen der Groß-Razzia im Reich. Von den ergriffenen Flüchtlingen wurden fünfzig auf Befehl Hitlers erschossen. Der Freiheitsdrang der Zaganer Gefangenen wurde in zahlreichen, abenteuerlichen Filmen beschrieben, der bekannteste ist: »Great Escape« (»Gesprengte Ketten«) mit Steve McQueen, James Garner und Charles Bronson aus dem Jahre 1963 in der Regie von John Sturges.

Gerdas Retter klopfte in der Stadt an die erstbeste Haustür, die Uniform verschaffte ihm Respekt. Gerda habe alles bei der Flucht vor den Russen verloren, versuchte er Mitgefühl zu erregen. Sie mögen die junge Frau aufnehmen. Die Geschichte muss glaubhaft geklungen haben, der Mantel verbarg die Sträflingskleidung und auch das nie geschorene Haar verriet nichts von Gerdas Flucht aus dem KZ.

Ihr stockte der Atem, als sie das Haus betrat. »Das waren Nazis. Gleich wenn man rein kam, empfing einen das größte Hitler-Bild, das ich jemals gesehen habe, fast so groß wie die Wand.« Es könnte sich in der Erinnerung monströs vergrößert haben, die Verwunderung über Menschen, die im Januar 1945 ein solches Porträt in Ehren hielten, ist noch heute bei ihr spürbar.

Die Familie ahnte nichts vom Schicksal ihres Gastes. Sie saß schon auf gepackten Koffern, auf der Flucht vor den Russen, deren Heranrücken für Gerda die Rettung bedeutete. Vielleicht sprach man in jenen Tagen, da jedem das Schlimmste blühte, nicht über eben Vergangenes, jedenfalls scheint Gerda trotz ihrer Magerkeit nie in Erklärungsnot geraten zu sein. Vermutlich machten sie sich keine Vorstellung davon, dass Menschen, die so aussahen, aus deutschen Konzentrationslagern kommen. Das Mitleid der Gastgeber hätte sich ansonsten sicher schnell verflüchtigt.

Der Retter sah noch ein paar Mal nach ihr. Er gab ihr am nächsten Tag fünfzig Mark, unfassbar viel Geld, noch dazu für einen Soldaten. Dann ist er für immer aus Gerdas Leben verschwunden, an nur zwei Tagen haben sich ihre Wege gekreuzt. Der Zufall eines an die Front rollenden Zuges und einer waghalsigen Flucht hat sie verbunden, ein Wendepunkt, an dem sie auf den vielleicht einzig Richtigen traf und er das einzig Richtige tat.

Oft habe ich mich gefragt, wer dieser Mann gewesen sein könnte, was seine Motive waren, woher er den Mut nahm, vor seinem Fronteinsatz ein Leben zu retten. Nichts weiter war in unserer Familie über ihn bekannt. Er blieb eine Heldenfigur ohne Konturen, aus dem Nichts aufgetaucht und eben dorthin wieder nach der Tat verschwunden. Der vage Anhaltspunkt, jener heimatliche Bauernhof in Thüringen, wo er sie bis Kriegsende versteckt haben soll, löste sich nach Gerdas Bericht auf, denn er fuhr an die Front und nicht zum Urlaub.

Doch Gerdas Gedächtnis, in dem es so viele weiße Flächen gibt, ließ uns auch diesmal nicht in Stich. Die wenigen Stichworte, die winzigen Details, die sie noch mit ihm verbinden kann, erweisen sich als unerschütterlich wahr und hilfreich, als ich mich auf die Suche nach dem Mann mache, der ihr das Leben gerettet hat.

Gerda hatte nach Kriegsende, als Namen und Adressen noch in ihrem Gedächtnis präsent waren, einen Suchantrag nach ihrem Lebensretter gestellt und die Antwort erhalten, er sei vermutlich in den letzten Kriegstagen umgekommen. Da sie sich an seine Absicht erinnerte, zu desertieren, zweifelte sie die Nachricht nie an.

Seinen Namen hat sie inzwischen vergessen, so sehr sie sich auch anstrengt, er will ihr nicht einfallen. Es ist dieser ins Nichts gerichtete, ungläubige Blick, der das Vergessen nicht wahrhaben will, dieses leichte, über die eigene Vergesslichkeit verwunderte Kopfschütteln, das mich davon überzeugt, nicht länger auf eine Auskunft zu hoffen. Aber andere Dinge sind plötzlich wieder da: Er hätte viele Kinder gehabt, und es habe irgendeine Verbindung zur Schweiz bestanden. Und die Adresse habe sie sich eingeprägt, weil sie sich doch nach dem Krieg wiedersehen wollten.

»Du weißt die Adresse noch, aber nicht den Namen?«

»Ja, Konstanz, Markgrafenstraße 63.«

»Aber das könnte uns doch weiterbringen, das ist wunderbar.«

Euphorie ist Gerda fremd. »Selbst wenn er den Krieg doch überstanden haben sollte, müsste er längst tot sein.«

»Aber wenn er viele Kinder hatte, wie du sagst, dann müssten die doch noch am Leben sein. Wir werden ihn sicher finden.«

Dann geht es sehr schnell. Zurückgekehrt nach Deutschland, sehe ich auf eine Landkarte. Die Schweizer Grenze verläuft direkt hinter Konstanz, die Verbindung zum Nachbarland liegt nahe.

Ich rufe Jürgen Klöckler, den Leiter des Konstanzer Archivs, an und erzähle ihm die Geschichte, die er sich mit der interessierten Geduld anhört, die ich inzwischen bei vielen Archivaren bemerkt habe. Offenbar bewegt es sie wie mich, wenn aus Papier plötzlich Menschen werden.

Ja, das Haus stehe noch, Konstanz sei zum Glück im Krieg nicht zerstört worden. Ein Kollege von ihm wohne da gleich um die Ecke. Mein Problem sei schnell zu lösen, mit einem Griff ins Regal.

Im Adressbuch von 1943, das letzte vor dem Kriegsende erschienene, finden sich in der Markgrafenstraße 63 die Namen von elf Parteien. Einige scheiden aus. Die Witwe eines Adam Jung lebte dort. Ihr Mann kann es auf keinen Fall gewesen sein, er hat in den letzten Kriegsjahren nicht mehr gelebt. Merkwürdig, dass ein Adressbuch damals solche Informationen enthielt. Zwei weitere Namen von allein lebenden Frauen kann ich ebenfalls ausschließen. Bleiben die Männer übrig, darunter ein »Skiwart« namens Ramsperger, ein Schaffner, der Wilhelm Schmidt hieß und von dem ich aus ganz praktischen Gründen hoffe, er möge es nicht sein. Wie soll ich Verwandte eines Herrn Schmidt ausfindig machen! Acht Namen bleiben übrig.

Ich kann es kaum erwarten, bis es Abend wird und ich Gerda anrufen und die Namen vorlesen kann. Immer wieder springt der Anrufbeantworter an, dann meldet sie sich: »Hello.« – »Gerda, ich lese dir jetzt acht Namen vor, einer davon könnte der Mann sein, der dich gerettet hat – Ramsperger, Schmidt, Kabusreuther, Kauth …« Hier unterbricht mich Gerda. »Kauth, das könnte er gewesen sein, lies mir die Liste noch einmal vor.« Wieder klingt dieser Name vertraut. Zurückhaltend, wie immer, wenn sie sich nicht ganz sicher ist, legt sie sich schließlich doch auf diesen Namen fest. »Fridolin Kauth, vielleicht.«

Kauth war Schlosser, wie das Adressbuch mitteilt.

Das amtliche Buch konserviert einen Augenblick im Leben dieser Menschen. Sie haben damals dort gelebt, eine zufällige Gemeinschaft gebildet, sind sich auf dem Flur begegnet, haben sich gegrüßt und sind weitergegangen. Einer von ihnen könnte Gerdas Lebensretter gewesen sein.

Von der Telefon-Auskunft erhalte ich die Nummern mehrerer Leute mit dem Namen Kauth in Konstanz und Umgebung. Als ich beginne, die Liste abzuarbeiten, habe ich gleich beim ersten Anruf Glück. Frau Kauth ist Fridolins Schwiegertochter Kornelia. Er sei vor fünfzehn Jahren gestorben. Das Gespräch beginnt zögernd, solange Kornelia vermutet, ich wolle ihr etwas aufschwatzen, vielleicht eine Versicherung oder eine Geldanlage, wird aber, nachdem ich ihr Gerdas Geschichte erzählt habe, lebendiger. Ja, der Schwiegervater hätte viele Kinder in die Welt gesetzt, fünf sind es, sie leben alle noch. Und ja, es gab eine Verbindung zur Schweiz, denn er sei dort zur Welt gekommen, auch seine Frau stammte aus dem Nachbarland. Von seinen Kriegserlebnissen wisse sie im Grunde nichts.

Ihr Mann kommt nicht ans Telefon, ruft nur von weitem, es habe da was gegeben, der Vater sei wohl kurz vor Kriegsende desertiert. Von der Rettung einer Jüdin wisse er nichts.

Die Verhältnisse in dieser Familie seien nicht sehr gut gewesen, erklärt Kornelia. »Wir haben uns alle nur selten gesehen, aber vielleicht rufen Sie lieber meine Schwägerin an, Elsbeth. Sie ist die Älteste der Kinder und wird mehr wissen.«

Elsbeth Dreher, die Tochter Fridolins, weiß schon Bescheid, als ich anrufe. Die Geschichte von der Rettung Gerdas kenne sie, ihre Mutter habe sie ihr erzählt. Ihr Vater sprach seltsamerweise nie darüber. Wenn ich nach Konstanz käme, wäre sie gern bereit, mir alles zu erzählen, was sie wüsste. Viel wäre es nicht. Ein Vorzeige-Papa sei er nicht gewesen.

Einige Monate später treffe ich die Familie von Fridolin Kauth im vorweihnachtlichen Konstanz, an einem nebligen, kalten Wochenende. Der nach dem Vater benannte Sohn Fridolin bittet mich in sein Haus aus dem Jahr 1673, am Rande der Altstadt. Der wegen eines Knieschadens früh berentete Mittsechziger hatte als Stukkateur gearbeitet, Zeugnisse seines Handwerks sind überall im Haus und im Hof zu sehen, Gipsreliefs hängen an den Wänden und Skulpturen stehen in Ecken und auf Simsen.

Später würde auch die Schwester Elsbeth mit ihrer Familie kommen, aber vorher führen wir zum Friedhof, sagt Fridolin, ein stämmiger Mann mit kurzen, weißen Haaren. Seine etwa zwanzig Jahre jüngere Frau Kornelia deckt schon den Kaffeetisch in dem großen unteren Raum, eine gemütliche deutsche Küche mit niedriger Balkendecke. Das Feuer knistert in einem Steinofen mit gusseisernen Türen, in dem man Brot backen kann.

Auf dem Weg zum Friedhof machen wir kurz vor dem Haus in der Markgrafenstraße halt, in dem Fridolin Kauth sechsunddreißig Jahre gelebt hatte. Fünf Kinder und die Eltern wohnten dort in drei Zimmern. Dorthin kehrte er auch nach der Flucht von der Front zurück. Die gerade farbenfroh sanierten Häuser stammen aus den dreißiger Jahren, über jeder Eingangstür hängt ein kleines Relief und verleiht den Aufgängen einen Anflug von Individualität. Auf dem großzügigen Hof hätten sie als Kinder oft gespielt, den Baum da habe der Vater gepflanzt, und dort sei ihr Badezimmerfenster gewesen. Bewegung ist nicht zu spüren, als der Sohn mir seine Kinderwelt zeigt. Mein Interesse an seinem Vater mag ihm seltsam vorkommen. Ein Egoist sei der Alte gewesen, kaum auszuhalten, hatte er mir schon im Auto gesagt, doch ich schob das Gespräch auf, vielleicht wollte ich mir die Illusion noch ein wenig erhalten.

Die Urnenstätte liegt ganz oben auf einem Hügel, hinter dem sich ein klotziger Bismarck-Turm erhebt, an seinem Fuß liegen winterlich verwaiste Weinberge.

Früher, als Bäume und Sträucher noch nicht so hoch gewachsen waren, konnte man von hier oben bis hinunter zum Haus in der Markgrafenstraße sehen. Deshalb habe der Vater sich für diesen Platz entschieden, erinnert sich der Sohn. Seine Mutter war zwei Jahre vor dem Vater gestorben, auch sie wurde hier beigesetzt. Eine kleine Tafel unter der von Fridolin erinnert an sie. Nach dem Tod seiner Frau habe es sich der Witwer stundenlang auf einer Liege direkt neben den Gräbern bequem gemacht. Ein absurdes Probeliegen, für das es, wie für vieles im Leben dieses eigenwilligen Mannes, keine überzeugende Erklärung gibt.

Beim Weg vom Hügel hinab kommen wir auch am Grab von Kornelias Eltern vorbei. Die Katholikin bekreuzigt sich und winkt dann kurz in Richtung des Steins. »Wunderbare Menschen waren das«, sagt sie zu mir. Sie seien immer für ihre Kinder da gewesen, über alles konnte man mit ihnen reden, gar kein Vergleich sei da möglich mit ihrem Schwiegervater und seiner Eiseskälte.

Kurz nachdem wir vom Friedhof zurück sind, trifft Elsbeth mit ihrem Mann und der Tochter ein. Auch deren Sohn Steffen ist mitgekommen, Elsbeths Enkel.

Drei Generationen sitzen am Tisch, so oft sieht sich die Familie in dieser Runde nicht. Da hätte der Vater doch noch was Gutes gebracht, sagt der Sohn. Dessen Frau habe noch den anderen drei Kindern Bescheid gesagt, der in Ulm lebenden Zwillingsschwester von Fridolin, Hildegard, den Brüdern Erwin und Bruno, doch das Interesse sei nicht groß. Es fehlt in dieser

Gerdas Retter, Fridolin Kauth, klopfte in der Stadt an die erstbeste Haustür, die Uniform verschaffte ihm Respekt.

Familie der Zusammenhalt, der aus dem Zauber gemeinsamer Erinnerungen rührt, aus dem Willen zur Sammlung und Verklärung des Gewesenen.

Zunächst erzähle ich die Geschichte der Rettung, zeige Bilder von Gerda, von ihrem Wohnhaus in New York. Sie hören mir zu, interessiert, aber ungerührt. Ich rede mich in Begeisterung, führe Gerdas Lebenslinie an die des Vaters heran, versuche Spannung aufzubauen und spüre bei jedem Wort, dass ich die Skepsis meiner Zuhörer nicht überwinden kann. Nur über zwei Tage im Leben dieses Mannes kann ich verfügen, sie reichen aus, um ihn in meinen Augen zum Helden zu machen, aber sie genügen offenbar nicht, um die bitteren Erfahrungen derer aufzuheben, die mit ihm lebten.

Am Telefon hatte ich um Fotos ihres Vaters gebeten, um mir endlich ein Bild von diesem Mann machen zu können. Sohn

Fridolin hat eine kleine Aufnahme vergrößern lassen und in eine Folie gelegt. Dieses Bild gibt er mir. Hier hätte ich den Vater genauso, wie er war.

»Ein Stenz, ein Aufschneider, das war er. Das Foto muss etwa aus der Zeit stammen, als Gerda ihn sah.«

Fridolin Kauth steht in Wehrmachtsuniform vor einer Baracke, vielleicht eine Scheune. Ein sehr schlanker, fast hagerer Mann, kantig. Die Sonne scheint ihm ins Gesicht, die Augen liegen im Schatten. Den Kopf neigt er ein wenig zur Seite. Seine Haltung drückt ein unerschütterliches Selbstbewusstsein und eine gewisse Verwegenheit aus. Sein Lächeln hat einen leichten Zug ins Spöttische. Die Hände halten das Koppel, den rechten Fuß hat er auf ein Wagenrad gestellt. Ein gut aussehender Mann, keineswegs unsympathisch auf den ersten Blick.

Zum Zeitpunkt der Rettung war Kauth siebenunddreißig Jahre alt und nicht um die Fünfzig, wie Gerda mit typisch jugendlicher Fehleinschätzung geglaubt hatte. Er wurde am 21. November 1907 in Gossau in der Schweiz geboren, wohin seine Eltern ausgewandert waren. Sein Vater war ein glühender Nazi. Auf einem Foto sieht man ihn, einen schon alten Mann mit zwei Enkeln, auf seinem Schoß sitzt Fridolin junior. Jeder der drei hat die Hand an der Stange einer Hakenkreuzfahne, als würden sie etwas schwören wollen. Das Bild des faschistischen Landmannes und seiner Enkelkinder könnte von einem Heimat-Kitsch-Maler der Nazi-Zeit stammen, wurde aber von dem Porträtierten absichtsvoll vor der Kamera inszeniert, ein peinliches Bekenntnisbild auf dem Bauernhof.

Wegen seiner Hitler-Begeisterung zog der Vater mit der Familie wieder zurück nach Deutschland, was ihm der Sohn nie verzie-

Absichtsvoll vor der Kamera inszeniert: ein peinliches Bekenntnisbild des Vaters von Fridolin Kauth – der faschistische Landmann und seine Enkelkinder.

hen hat, denn hier musste er zur Armee. Fridolin Kauth sah sich immer als Schweizer im falschen Land an, er hat auch den Dialekt seiner verlorenen Heimat nie abgelegt. Vielleicht war es diese Sprachfärbung, die Gerda später im Zug schnell Vertrauen fassen ließ, dieses behäbige, etwas umständlich klingende Schweizer-Deutsch, das eben nichts mit dem Kommandoton zu tun hatte, den sie vom Lager im Ohr hatte.

Was auch immer die Kinder ihm vorwerfen: Nazi war er nie. Sie erinnern sich nicht an einen Satz, der eine auch nur entfernte Übereinstimmung mit dem braunen Denken und den Parolen gezeigt hätte. Vielleicht war dies ein Grund für seine Tat: Mit der Rettung der Jüdin durchkreuzte er auf seine Weise den Massenmord, wischte den Nazis, und damit auch dem Vater eins aus, nahm persönliche Rache an jenen, die ihn, den Schweizer Zivilisten, an die Front zu einem blutigen Krieg gezwungen hatten, mit dem er nicht das Geringste zu tun haben wollte.

Liebe hätten sie von ihm nie bekommen, da sind sich die Kinder sofort einig. Die Mädchen hätte er geschont, erinnert sich Elsbeth, aber die Jungen mussten immer wieder Prügel einstecken. Er hat seine Kinder ständig heruntergeputzt, niemand konnte es ihm recht machen.

Einmal lag er schwer krank im Bett und schickte seinen Sohn Fridolin zum Arzt. Der achtjährige Junge ging los, stand eine Zeit lang vor der Tür des Doktors und kehrte dann nach Hause zurück, ohne geklingelt zu haben. Er hoffte, dass der Vater ohne ärztliche Hilfe sterben müsse. Noch heute denkt der Sohn darüber nach, ob der Vater beim Ausbleiben des Arztes nicht bemerken musste, dass dieses Kind ihm den Tod wünschte.

Über seine Kriegserlebnisse schwieg er so beharrlich wie über seine Gefühle, Gedanken und Hoffnungen. Er sprach überhaupt nicht mit ihnen. »Das ging auch gar nicht, denn er war kaum da«, sagt Elsbeth. So wissen die Kinder bis heute nicht, warum er so abweisend und unausstehlich war, ob ihn unerfüllte Träume schmerzten. Er soll gern geschrieben haben, lange Briefe, von denen niemand in der Familie eine Zeile lesen durfte. Sie waren an andere Frauen gerichtet. Wenn er sie verfasste, mussten alle das Zimmer verlassen und äußerste Ruhe bewahren.

Seine häufige Abwesenheit, zwangsläufig im Krieg, danach als stete Flucht vor der Verantwortung, wurde schließlich von den Kindern nicht mehr bedauert, sondern als Erleichterung empfunden. Er weigerte sich hartnäckig, in dieser großen Familie eine Rolle zu übernehmen. Hohn spricht aus einem Bild, das er von seiner Frau in Kittelschürze machte, wohl in den sechziger Jahren. Sie beugt sich über eine kleine Waschmaschine, ist gesichtslos von hinten aufgenommen worden, ein Foto, das nur einen einzigen Sinn haben kann – es weist ihr für immer ihren Platz zu.

Fridolin Kauth hatte sein Vorhaben wahr gemacht und war desertiert. Von der Front kehrte er in seine Wohnung in der Markgrafenstraße zurück, die letzten Kriegswochen versteckte er sich dort. Die Kinder durften das Schlafzimmer nicht mehr betreten, ohne den Grund zu wissen.

Eines Tages standen zwei Männer von der GESTAPO vor der Tür und erkundigten sich bei der Mutter nach dem Verbleib ihres Mannes. Die Frau, der Fridolin zeitlebens so wenig zugetraut hatte, blieb erstaunlich gelassen und versicherte glaubhaft, sie wisse nichts über den Aufenthaltsort ihres Ehemannes, während der im Schlafzimmer auf den Fenstersims gestiegen war und sich hinter der Gardine verbarg. Bei einer Hausdurchsuchung wäre er sofort gefunden worden. Aber die Aussage der Frau musste so überzeugend gewesen sein, dass die GESTAPO-Männer darauf verzichteten, die Wohnung zu betreten und abzogen. Fridolin zeigte sich erst beim Einzug der Franzosen in Konstanz wieder vor seinen Kindern, die sich noch an das Erstaunen erinnern, plötzlich vor dem Vater zu stehen, der die heranrückenden Befreier, mit einem weißen Bettlaken aus dem Fenster winkend, begrüßte.

Kauth hat seiner Frau den Mut nicht gedankt. Immer wieder hatte er Freundinnen. Er nahm seine Geliebten hemmungslos mit zu sich nach Hause, während sich seine Frau in Trauer und Arbeit auflöste. An die ständige Vernachlässigung hat sie sich nie gewöhnt. Sie war sieben Jahre älter als er, geheiratet habe er sie nur wegen einer großen Mitgift, nehmen die Kinder an. Als er einmal im Krankenhaus lag, verbot er seiner Frau, ihn zu besuchen, weil er sich vor den Schwestern schämte, eine so alte Gattin zu haben.

Tatsächlich scheint sie, eine schüchtern lächelnde Frau mit dunklem gescheiteltem Haar, auf den Familienbildern im Verlaufe der Jahre immer schneller zu altern, doch nicht darüber wundern sich ihre Kinder. Vielmehr sind sie erstaunt, dass es diese Gruppenfotos überhaupt gibt, denn sie wurden nicht zu Hause, sondern im Atelier aufgenommen, und so etwas kostete Geld, das Kauth eigentlich nie auszugeben bereit war. Er sieht auf diesen Bildern, eines zeigt ihn in Uniform, vielleicht bei einem Fronturlaub, sehr steif aus, wie aus Holz geschnitzt, keine Geste, keine eingefangene Bewegung verrät eine Bindung zur Frau oder zu den Kindern, die aufgereiht zwischen den Eltern sitzen.

Auf einem Foto sieht die Mutter gelöst, fast glücklich aus. Sie steht allein im Garten, der dieser Familie das Überleben im Krieg sicherte, in der Hüfte eingeknickt, die Hand in der Seite, lächelnd. Sie trägt eine weite, offenbar sehr bequeme Hose. Die verhaltene Traurigkeit ihrer Züge ist einem natürlichen Ausdruck von Selbstbewusstsein gewichen, der sich auf keiner anderen Aufnahme findet. Was war mit ihr geschehen, erlebte das Paar vielleicht einige harmonische Wochen, eine Ahnung dessen, was Zusammenleben bedeuten könnte?

»Nein«, beendet Elsbeth meine Spekulationen. »Da war Vater weit weg, im Krieg. Sie war auf sich gestellt und hat das vielleicht genossen.«

»Warum hat sie denn Jahrzehnte gelitten und nicht irgendwann die Scheidung eingereicht?«

»Das war undenkbar für sie. Da hätte sie auf die Ämter gehen, fremden Leuten von sich erzählen müssen. Unvorstellbar.«

Die Enkelin Angela erinnert sich an ihre Großmutter, die oft geweint und – wie man ihr erzählt hat – sogar einen Selbstmordversuch unternommen habe. Das war nach dem Krieg, etwa 1948 oder 1949. Sie hatte den Gashahn aufgedreht, wurde noch rechtzeitig gefunden. Aber auch Großvater Fridolin habe versucht, sich umzubringen, da war er Mitte Sechzig, und eine Freundin hatte ihn gerade verlassen. Im Krankenhaus wurde ihm der Magen ausgepumpt. Den Kindern erschien diese versuchte Selbsttötung als ein weiterer, in diesem Alter etwas lächerlicher Ausdruck des unfassbaren Egoismus dieses Mannes.

Meine immer zögerlicher vorgetragenen Argumente werden von Kauths Familie nicht zerpflückt. Sie zerbrechen ganz einfach an der Übermacht bitterer Erfahrungen, gegen die Gerdas Rettung nichts ausrichtet. Aber es kommt noch schlimmer an diesem Konstanzer Kaffeetisch. Während das Feuer im Ofen knisternd niederbrennt, treten immer weitere Details hervor, die das Bild dieses Mannes mehr und mehr beschädigen. Dieses Treffen wird zum Tribunal. Je tiefer ich in diese unglückliche Familie eindringe, desto kraftloser werden meine Verteidigungsversuche, desto mehr empfinde ich mich als Eindringling, hilflos bei dem Versuch, seine Geschichte zu retten.

Zweimal sei der Vater im Gefängnis gewesen, jedes Mal habe es mit seiner Triebhaftigkeit zu tun gehabt. Er soll sich vor Schulkameradinnen von Elsbeth entblößt haben, eine unaussprechliche Schande für die Tochter, von der zum Glück niemand in der Schule erfuhr, weil die Belästigten tief beschämt über den Vorfall schwiegen. Nach der Schilderung dieses niederschmetternden Vorgangs kommt bei mir der Verdacht auf, er könne sich auch an den Kindern vergangen haben, doch das weisen beide, Bruder und Schwester zurück.

Auf einem späteren Foto ist Fridolin Kauth fülliger geworden, aber der Blick aus den tief liegenden Augen bleibt fest, das Lächeln sehr männlich. Immer wieder sehe ich es mir an, als könnte es die Auskunft geben, auf die ich so sehnlich und vergeblich warte. Die Haare, wie auf allen Bildern zuvor, streng nach hinten gekämmt, lassen die Stirn noch höher erscheinen. Die Mutter hat das Bild in einem Wutanfall in vier Teile zerrissen, es dann aber säuberlich auf einem gleich großen Foto wieder zusammengeklebt: ein Dokument der Reue. So zeigt die Vorderseite jetzt den Gatten in Schlips und Kragen, von vier Risslinien durchzogen, auf der Rückseite arbeitet er in Montur an einer Werkbank in der Schlosserwerkstatt. Er soll ein fleißiger, zuverlässiger Arbeiter gewesen sein, penibel auf Ordnung und Sauberkeit bedacht.

Einen Augenblick lang geht mir durch den Kopf, ob ich mich nicht doch geirrt und die Spuren falsch interpretiert haben könnte, ob ich nicht einfach am falschen Tisch sitze. Aber alles passt zusammen, die Desertion, die fünf Kinder, die Konstanzer Adresse, die Schweiz als alte Heimat. Alles fügt sich, nur etwas will sich nicht in diese Rekonstruktion einbauen lassen: der Mann selbst.

Alle, die hier am Tisch sitzen, sagt Kornelia, leiden unter den Spätfolgen, der Mann habe Wunden hinterlassen, die noch lange nicht vernarbt seien. Fridolin, der Sohn, habe jahrelang unter Sprachstörungen gelitten, nur langsam legte sich das Stottern. Ihnen allen falle es schwer, Gefühle zu zeigen oder darüber zu reden.

Ein Egoist, der eine gefahrvolle Rettung vollbringt, ein Aufschneider, der mit seiner mutigen Tat nicht prahlt, ein gefühls-

Zeugnis einer gestörten Familie – in einem Wutanfall in vier Teile zerrissen und säuberlich wieder zusammengeklebt: das Porträt von Fridolin Kauth in den sechziger Jahren.

kalter Mann, der in wenigen Sekunden Vertrauen erweckte. Nicht nur Elsbeth hat das Gefühl, hier sei die ganze Zeit über von zwei verschiedenen Menschen die Rede. »Vielleicht hat er es ganz unüberlegt getan, sich gar nichts weiter dabei gedacht«, vermutet sie.

»Aber es waren zwei Tage«, entgegne ich. »Er ist wohlüberlegt vorgegangen, hat sie nicht nur beruhigt und versorgt, sondern auch bei diesen Leuten untergebracht, sich um sie gekümmert. Er hätte einfach wegsehen können, selbst das wäre in diesem Fall schon viel gewesen. Mit der Rettung einer Jüdin hat er sich schwer belastet, zumal er ja fest zur Desertion entschlossen war. Ich kann mich nicht damit abfinden, dass eine solche Tat nicht irgendwo im Charakter angelegt ist, in einer verborgenen Ecke, ein Zug von versteckter Menschenliebe, von Mitgefühl, das sich im entscheidenden Moment gezeigt hat.«

»Er war ganz sicher kein Menschenfreund.« Elsbeth hat noch eine Idee. »War sie attraktiv? Er könnte von ihr angezogen gewesen sein.«

»Sie war fast ein Jahr in Auschwitz, abgemagert und völlig entkräftet«, gebe ich zu bedenken.

»Dann weiß ich auch keine Erklärung.«

Ich versuche, weitere Zeugen aufzurufen: Hatte er keine Freunde in Konstanz? War er in einem Verein, einer Partei? Kamen Leute zu Besuch, mit denen ich noch reden könnte? »Er hatte keine Freunde.« Fridolin erinnert sich nur an ein einziges Mal als das Haus voll war. Im Jahre 1954 bei dem berühmten Endspiel in Bern. Der Vater hatte die Nachbarschaft und Kollegen eingeladen, es bei sich zu Hause zu verfolgen. Den Fernsehapparat hatte er gerade auf Raten gekauft.

Hat das Wissen um seine Tat das Bild vom Vater in den Augen der Kinder nicht doch ein wenig verändert, frage ich, es mag fast ein wenig flehend klingen.

»Nein«, sagt Elsbeth klar und bestimmt. Es würde ihn nicht höher heben. Und auch ihr Bruder meint, es sei gut, dass er diese Frau gerettet habe, aber das Bild vom Vater würde sich dadurch nicht ändern. Der läge nun auf dem Friedhof und gäbe endlich Ruhe. Nur Kornelia hat eine winzige Verschiebung, einen leisen Wandel bemerkt. Sonst seien sie immer zu Allerseelen am 1. November zum Grab der Mutter gegangen, in diesem Jahr, nach meinem Anruf, haben sie zum ersten Mal überhaupt daran gedacht, dass ja auch der Vater dort liege.

Beim Aufbruch sagt Fridolin nicht ohne eine gewisse Befriedigung: »Jetzt haben wir unseren ganzen Hass auf ihn abgeladen.« Und sein Schwager, Herr Dreher, ein freundlicher, älterer

Herr, der nach einem Schlaganfall nur schwer und zögerlich spricht, sagt seinen längsten Satz des Abends. »Der Alte würde sich im Grabe umdrehen, wenn er das wüsste.«

Das also war mein Held. Ein Mann, den seine Kinder so abgrundtief hassen, dass sie selbst vor einem Fremden wie mir nicht zögerten, seine Kälte und Unausstehlichkeit anzuklagen. Ein Mann, der für seine Frau eine ewige Quelle der Schmerzen und Demütigungen war, eine Zumutung offenbar für alle, die ihn kannten. Das Beste, was sich über ihn sagen ließe, ist wohl, dass er ein Sonderling war, ohne Freunde und ohne Freude. In uneingestandener Solidarität hatte ich wohl gehofft, Kauth könnte die männliche Lichtgestalt in dieser Geschichte werden, stattdessen treffe ich auf einen Menschen, mit dem man es nur schwer in einem Raum aushielt. Aber er hat es getan. Für zwei Tage verhielt er sich bewundernswert und fürsorglich und ohne an den eigenen Vorteil zu denken. Er rettete ein Leben, bevor er diesem Krieg ganz den Rücken zukehrte. Er vollbrachte eine Tat, auf die er später nicht stolz gewesen zu sein schien. Es sind vielleicht nicht immer unsere menschlichen Seiten, die uns Gutes tun lassen. Vielleicht war es auch ein Gefühl der Macht, das hier nicht den Tötungs-, sondern den Beschützerinstinkt weckte. Der Geretteten kann es ohnehin gleichgültig sein.

Erzählt hat er davon nur seiner Frau, die es später an Elsbeth weitergab. Sonst wusste es wirklich niemand in der Familie. Die Tochter erinnert sich an noch eine seltsame Geschichte. Nach dem Krieg sei ein Paket aus Amerika gekommen, mit Kleidung. Sie meint, es müsste von Gerda gewesen sein. Auch wenn Gerda sich nicht daran erinnern kann, wäre es durchaus möglich, dass sie die Familie bedacht hat, selbst wenn sie Kauth tot glaubte. Die Adresse hatte sie nie vergessen, den Namen ihres Retters muss sie damals auch noch gewusst haben. Der verbot übrigens seiner Frau, sich für das Paket zu bedanken, es entstünden nur Verpflichtungen daraus. Das muss nicht so schroff gemeint gewesen sein wie es klingt, es könnte auch eine gewisse Sensibilität verraten. Möglicherweise ahnte er, wie sehr es Gerda, diese starke, junge Frau quälen könnte, dass sie ihr absolut schuldlos gefährdetes Leben überhaupt jemandem verdanken sollte. So wie sie sich weigerte, den Status eines Opfers anzunehmen, könnte Gerda auch im Innersten einen Widerwillen empfunden haben, eine Gerettete zu sein. Was Kauth für sie tat, war das Vernünftige, im Grunde Selbstverständliche. Den Schutzlosen nicht ausliefern, mit Kleidung und Nahrung versorgen. Dass ein solches menschliches Handeln schreckliche Folgen haben könnte, mag bei Gerda ein leises Gefühl der Scham erzeugt haben.

Kauth hat über diese Begegnung nicht geredet, als könnte es mit Gerda eine nie ausgesprochene Verabredung gegeben haben. Den Kindern erscheint ein solches Feingefühl des Vaters völlig ausgeschlossen, und ich verteidige ihn schon wieder. Sicher wollte er nur einfach seine Ruhe haben.

Draußen ist es längst dunkel. Kornelia begleitet mich mit ihrem Hund vor die Tür, wir gehen noch ein paar Schritte gemeinsam. Doch, es habe ihren Mann schon bewegt, mehr als er zugeben könne, sagt sie. Aber es klingt ein bisschen so, als wolle sie mich trösten, den gescheiterten Anwalt, der eine Verurteilung seines Mandanten nicht verhindern konnte.

Ich zögere lange, ehe ich Gerda anrufe, um ihr von Konstanz zu erzählen. Inzwischen war sie ein paar Mal auf meinem Anrufbeantworter, sie hat Gefallen an diesen Recherchen gefunden und beginnt selbst zu suchen. Adressen fallen ihr ein, Namen von Freunden und Bekannten aus der Berliner Zeit, doch bei den meisten muss sie hinzusetzen, dass sie längst gestorben sind.

Jetzt ist sie begierig darauf zu erfahren, was für ein Mensch ihr Retter war, wie denn seine Familie auf die Erkenntnis reagiert habe, dass sie einen so mutigen Mann in ihren Reihen hatten.

»Er war offenbar ein schwieriger Charakter«, beginne ich mit schlecht verhüllter Verzagtheit. »In dieser Familie hat man keine besonders zärtlichen Erinnerungen an ihn.«

»Das kann ich mir überhaupt nicht vorstellen. Zu mir war er ganz wunderbar, ein einfühlsamer und rücksichtsvoller Mann.« Gerda ist fassungslos.

»Wie war denn seine Ehe?« Vorsichtig formuliere ich, dass er es mit der Treue nicht sehr genau nahm. Das genügt, um Gerda auf eine berechtigte Vermutung zu bringen. »Hoffentlich denken sie nicht, er habe sich an mich heranmachen wollen. Das wollte er nämlich nicht. Ich sah auch fürchterlich aus, war dreckig und verlaust und völlig abgemagert. Ich wog damals nur neunzig Pfund.«

Einen Augenblick hätten sie das schon gedacht, gebe ich zu, doch diesen Verdacht hätte ich wohl ausgeräumt. Aber so recht erklären könne sich in Konstanz niemand, was Fridolin getan hätte. Ich gebe meine Zurückhaltung auf, irgendwann würde Gerda es ohnehin lesen. »Offen gesagt, seine Kinder haben ihn gehasst. Er scheint wie ein Alptraum auf dieser Familie zu lasten.«

»Aber er war doch judenfreundlich?«

»Er war auf jeden Fall kein Nazi, so viel steht fest.«

Ich füge hinzu, und es klingt für mich selbst dumm, während ich es sage: »Vielleicht ist das ja gerade eine Hoffnung, dass sich Menschen manchmal ganz anders verhalten, als man es von ihnen erwartet, dass sie manchmal genau das Richtige tun, auch wenn sie sonst so ziemlich alles falsch machen.«

»Mag sein, vielleicht hast du Recht.« Gerda ist viel zu alt, um sich lange mit der Unberechenbarkeit von Menschen aufzuhalten. »Dann war er eben so. Ich habe ihn anders erlebt.«

Um ganz sicher zu sein, schicke ich ihr das Foto von Fridolin Kauth in Wehrmachtsuniform. Sie erkennt ihn ohne jeden Zweifel wieder.

8. Tag: New York, 18. Oktober 2004

Am Morgen, in der Küche. Gerda kocht Kaffee, ich sitze am Tisch. Die Sonne scheint vom klaren blauen Himmel herab, erhellt den Raum. Für einen Moment vergesse ich, warum ich hier bin. Ich spüre auch nicht mehr, dass ich mich auf der anderen Seite der Welt befinde, so als wäre ich schon ewig hier. Wieder denke ich an meine Großmutter, mit der ich so gern in der Küche saß, und mir fällt auf, wie ähnlich sich die beiden Frauen sind.

Aber dieser Moment, den ich in fremden Städten so liebe, dieser Anflug von Gewöhnung, wenn man sich zum ersten Mal ein wenig heimisch fühlt, ohne es wirklich zu sein, über die Straßen geht und sich vorstellen könnte, wie es wäre, hier täglich entlang zu laufen, öfter an einem Platz oder in einem Raum zu sein, der langsam die Farbe des Vertrauten annimmt, dieser Augenblick in einer kleinen New Yorker Küche ist trügerisch. Er lässt mich für kurze Zeit vergessen, dass mein Erscheinen hier doch ein Eindringen ist.

Gerda empfängt mich mit einer Frage: »Als ich das neulich mit den Deutschen gesagt habe, über die Sprache und das Schneidende daran, fandest du das nicht richtig, oder?«

»Ich finde es schon erstaunlich, dass du überhaupt Lust hast, mit mir deutsch zu reden«, sage ich.

»Aber du warst doch noch gar nicht geboren«, mit ihrer Bestimmtheit, die nichts Herrisches hat, wischt sie jede weitere Diskussion über diesen Punkt weg. So tut sie es immer, wenn ich auch nur Ansätze von Verlegenheit zeige, leise, diffuse Schuldgefühle. Sie macht es mir sehr leicht, in dem sie mich wie einen hypochondrischen Patienten behandelt, dessen eingebildete Leiden der Arzt am besten gar nicht ernst nimmt.

Dann sagt sie: »Sie haben mir doch alles genommen, meine Familie, meine Verwandten. Mein Leben wäre ohne sie völlig anders verlaufen. Ich habe keine Sehnsucht nach Berlin, nach Deutschland.«

Gerda hatte in dieser Nacht von ihrer Schwester Toni geträumt. Zum ersten Mal seit Jahren. Sie waren zusammen in einem Krankenhaus, gemeinsam in einem Zimmer. »Ich war schrecklich nervös, weil in meinem Nachttisch kein Schubfach war, in dem ich meine Medikamente unterbringen konnte. Ich wusste nicht, wohin damit und war völlig durcheinander.«

Jeden Tag tauchen andere Erinnerungsstücke aus der Tiefe des dunklen Schranks in Gerdas Schlafzimmer auf. Heute hat sie einen dicken Aktenordner auf dem Tisch bereit gelegt.

Ich lese mich in dem ungeordneten Berg von Dokumenten fest, handgeschriebene Briefentwürfe, Antwortschreiben des Anwalts aus Berlin. Es geht um Entschädigungszahlungen, um genaue Daten von Zwangsarbeit und Lagerhaft und deren Spätfolgen. Zerknitterte Durchschläge amtlicher Schreiben, Berichte und ärztliche Gutachten. Kopfschüttelnd betritt Gerda das Zimmer, in den Händen eine winzige weiße Dose, wie sie früher vielleicht in Apotheken für kleine Rationen von Salben ausgegeben wurden. »Auschwitz cut out«, sagt sie. Ich verstehe nicht, was sie meinen könnte. In schnörkeliger Bleistiftschrift stehen diese drei Worte auf einem schmalen, über den Deckel geklebten Papierstreifen. Gerda versucht vergeblich, die Dose zu öffnen und gibt sie mir mit einem Blick, dem ich nicht entnehmen kann, ob sie weiß, was sich darin befindet. »Seit sechzig Jahren habe ich das nicht geöffnet.«

Der Deckel sitzt sehr fest, ich will schon aufgeben, da öffnet er sich plötzlich … Eine ölige Flüssigkeit ergießt sich über meinen Handrücken, tropft von dort auf einen Brief und wird sofort von dem trockenen Papier aufgesogen. In der Dose bleibt ein braunes, gummiartiges Röllchen zurück, fingernagelgroß. Jetzt sieht mich Gerda anders an. Als müsse ich wissen, was das sei. Aber ich habe keine Ahnung, nur ein unheimliches Gefühl, dass dieses kleine Stück aus unbestimmbarem Material etwas zu tun haben müsste mit den amtlichen Dokumenten, auf denen es nun liegt.

»Das ist meine Nummer, die habe ich mir doch nach der Flucht rausschneiden lassen, vom einem Arzt in Berlin, ein Halbjude war das. Ich habe sie aufgehoben.« Und fügt dann nachdrücklich, vielleicht als Antwort auf meinen erschrockenen Blick, hinzu: »Ich dachte doch, niemand wird mir glauben.«

Nur in Auschwitz wurden die Häftlinge tätowiert. Selbst Neugeborenen sollen die Ziffern in die Haut geritzt worden sein. Gerdas Baby hatte sicher keine Zahl auf den winzigen Gliedmaßen. Die jüdischen Kinder wurden nicht registriert.

Ich habe den Schatten der verblassten Nummern schon bei ehemaligen Häftlingen gesehen, manche behalten sie aus einem nur zu verständlichen Trotz heraus, als ein Mal, das sie ihren Mitmenschen zumuten wollen, oder sogar wie eine Medaille, eine Auszeichnung, wie mir ein Überlebender einmal sagte. Eine Nummer in der Dose, eine längst nicht mehr entzifferbare Zahlenfolge in Alkohol, das trifft mich völlig unvorbereitet.

Vielleicht verbirgt sich hinter dem merkwürdigen Aufbewahren der Nummer auch unbewusst etwas von der uralten jüdischen Sehnsucht nach Vollständigkeit und Unversehrtheit des Körpers. Was du im Leben verstreust, musst du im Tod wieder zusammensuchen …

»Was willst du damit machen?«, frage ich.

»Ich weiß nicht. Ich könnte sie Steven geben«, überlegt sie laut. Ich finde, nach allem, was ich über ihren Sohn weiß, es sei keine sehr gute Idee, ihm ein Stück Haut der Mutter zu überlassen. Am nächsten Tag hat Gerda zu ihrem Pragmatismus zurückgefunden. »Die Nummer können sie mit mir begraben.«

Nur einmal in all den Jahren hier in den USA sei das Kind erwähnt worden, erzählt sie mir. Es sei kurz vor der Entbindung von Steven gewesen, bei der Untersuchung sagte der Arzt ganz beiläufig, dies sei eindeutig nicht ihr erstes Kind. Ihr Mann stand in der Nähe, zeigte aber keine Regung. Ob er es nicht gehört hatte? Oder doch vernommen, aber nicht verstanden oder hatte er es nicht verstehen wollen? Der Schock, der in sie gefahren war, verließ ihren Körper erst in den heftiger werdenden Wehen. Stevens Geburt hätte um ein Haar die kurze Existenz seiner Halbschwester an den Tag gebracht und überdeckte sie dann in der Freude, dem Überschwang, der keine Fragen mehr zuließ. Sam hat auch danach niemals zu erkennen gegeben, ob er die Äußerung des Arztes wahrgenommen hatte, er hat nicht ein Wort dazu gesagt, nicht mal eine Andeutung war von ihm zu hören. Gerda ist ihm bis heute unendlich dankbar dafür.

Sie konnte Steven nicht stillen, nicht ein einziges Mal. Obwohl Gerda nicht zur Überinterpretation von Tatsachen neigt, überlegt sie noch heute, ob dieses Ausbleiben der Milch nicht etwas zu tun haben könnte mit dem verlorenen Kind, dem sie nie die Brust geben durfte.

Kinder waren in unserer Familie das große Thema, ihr Gedeihen und Wachsen, ihre Fortschritte und möglichen Fehlentwicklungen. Meine Großmutter verabscheute Tiere, ob Katzen, Hunde, Hamster oder Zierfische, sie hatte nicht das geringste

Interesse an solchen Hausgenossen. »Wenn ihr euch welche anschafft, könnt ihr selbst sehen, wo ihr sie im Urlaub lasst. Kinder könnt ihr mir immer bringen.« So war es: Ich habe nie erlebt, dass sie ungeduldig mit ihren Enkeln war, auch wenn viele in ihre Wohnung kamen. Die kleineren spielten mit Knöpfen oder leeren Garnrollen, die größeren hörten ihr zu. Sie konnte ein Gespräch stundenlang in Gang halten, als geborene Moderatorin beherrschte sie elegante Themenwechsel, konnte geschickt Spannungsbögen aufbauen und halten. Mit ungeheurer Konzentration stellte sie sich auf ihren Gesprächspartner ein, weckte bei ihm Interesse, indem sie selbst Anteilnahme an seinem Schicksal zeigte und behielt so stets die Kontrolle. Nur ein einziges Mal habe ich erlebt, dass sie dabei die Beherrschung verlor und in Tränen ausbrach. Es kam völlig unvermittelt und war umso erschütternder. Wir hatten über Gerda gesprochen, keine neuen Geschichten waren erzählt worden, mehr ein Nachdenken, ein Wiederholen des Bekannten, eines jener Gespräche, bei denen sich die Eingeweihten ihr Wissen bestätigen. Großmutter erinnerte sich daran, wie rücksichtslos man damals die jüdischen Familien auseinander gerissen habe, Eltern und Kinder sahen sich nie wieder. Plötzlich weinte sie.

Ich habe das nie vergessen. Nazi-Zeit – das waren die Schwarzweiß-Bilder im Fernsehen, die Dokumentationen, die wir in der Schule sahen, manchmal die Erzählungen der Erinnerungsprofis, die zu uns kamen und vom heldenhaften Widerstandskampf berichteten, mit Worten, die schon so oft benutzt worden waren, dass sie kein Leben mehr hatten, lehrbuchhaft vorgetragen mit eisernen Schlussfolgerungen, die nicht in Frage zu stellen waren.

Aber hier saß meine Großmutter vor mir und vergoss Tränen über ein Leid, das mir bis dahin unendlich weit weg erschien und vielleicht wurde mir in diesem Moment klar, dass die Vergangenheit eben nicht abstrakt und abgelegt sein würde, solange jemand darüber weint.

Gerda schlug sich mit den Flüchtlingen nach Berlin durch. Bis zum Kriegsende lebte sie hier wieder illegal. Als sie sich in der Wohnung ihrer Freundin Gerdi Lewinnek meldete, schickte deren Mutter sie entsetzt weg. Gerdi befand sich in Haft, das Haus wurde sicher beobachtet. Doch das allgemeine Chaos in der immer häufiger bombardierten Stadt half ihr, unerkannt zu bleiben. Sie lebte in wechselnden Wohnungen, einmal stürzte bei einem Angriff ein Mietshaus über ihr zusammen. Sie saß stundenlang im Keller, eine plötzliche Schicksalsgemeinschaft mit Menschen, die sie aus ihren Reihen ausgeschlossen hatten.

Nur einmal geriet sie in diesen Monaten bis zur Kapitulation in eine gefährliche Lage. Auf der Straße sprach sie ein Mann an, der sie erkannte. Er war Vorarbeiter in einem der Betriebe gewesen, in denen sie Zwangsarbeit verrichtet hatte.

Ein strammer Nazi, wie sich Gerda erinnert. »Solltest du nicht längst weg sein?«, fragte er sie und enthüllte mit dieser Formulierung, wie normal ihm dieser Vorgang des Verschwindens erschien. Juden hatten weg zu sein, früher oder später alle. Gerda war in diesem Sinne »spät dran«. Sie sagte ihm ganz offen mit ihrem sicheren Gespür, dass sie geflohen sei und hier in Berlin auf das nahe Ende warte, was sie im Übrigen auch ihm empfehle. Und er zeigte sie tatsächlich nicht an.

Nach dem Krieg hat dieser Mann, anders als Fridolin Kauth, versucht, Kapital aus seiner Tat zu schlagen, die doch nur darin bestand, in dieser Situation einfach nichts getan zu haben. Gerda wurde zu seinem Entnazifizierungsverfahren vorgeladen und sagte für ihn aus.

Gerda hat meine Großmutter und ihre Kinder, Hilde und ihre anderen Freunde nach dem Krieg im zerbombten Berlin wieder gefunden. Niemand weiß mehr genau, wann die erste Begegnung war, aber meine Mutter und ihre Cousine Dorle, Hildes Tochter, können sich sehr genau an einen Nachmittag bei meiner Großmutter erinnern. Es war das einzige Mal, dass Gerda über ihre Zeit im Konzentrationslager sprach, über das Kind und seinen Tod. Danach wurde es von Gerda nie wieder erwähnt, bis zu meinem Besuch bei ihr in New York 2004.

Das Schweigen schuf einen unkontrollierten Raum, in dem sich die Geschichte ungehindert ausbreiten und verändern konnte, und auch wenn sie nicht mehr ganz mit der Wirklichkeit übereinstimmte, enthielt sie doch immer einen unzerstörbaren Kern von Wahrheit.

Ich bin schon einmal als Student in Auschwitz gewesen, während eines mehrwöchigen Arbeitseinsatzes in Krakau. Er fiel in die Hochzeit der polnischen Streikbewegung, wir haben in dem berühmten Stahlwerk Nowa Huta nur selten eine Hand gerührt. Wir fuhren in einer kleinen Gruppe nach Auschwitz und nahmen an einer deutschsprachigen Führung teil, die sich besonders auf die polnischen Opfer aus dem Widerstand konzentrierte. Im Museum sahen wir dann die Brillen, Haare und Koffer der Ermordeten hinter Glas. Die ausgestellten Gegenstände erschienen mir im musealen Licht vollkommen unwirklich, wie Requisiten eines Theaterstückes.

Lange stand ich an einem Modell, das die Funktionsweise der Gaskammern erklärte, und vielleicht begann ich erst an dieser Stelle zu ahnen, welchen ungeheuren Bruch mit allen Übereinkünften der menschlichen Gesellschaft diese automatisierte Massentötung darstellte.

Die DDR bot einen Halt gegen die Grenzenlosigkeit des Schreckens. Wenn man ihr Angebot annahm, was ich lange Zeit tat, dann musste man sich dem Unbegreiflichen nicht aussetzen. Der Faschismus war erledigt und bewältigt. Er hatte in der Geschichte, deren Verlauf man sich als ewige Vorwärtsbewegung vorzustellen hatte, gewissermaßen eine Funktion, indem sein Untergang dem Sozialismus auf breiter Basis zum Durchbruch verhalf, er war in einer gigantischen Klassenschlacht der Unterlegene.

Der Holocaust wurde keineswegs geleugnet, aber er passte nicht in die vulgär-marxistischen Erklärungsmuster. Er ließ sich nicht »rationalisieren«, man konnte keinen Sinn in ihm entdecken, deshalb blieb er immer eine Randerscheinung der Faschismus-Kritik. Wer an den steten Fortschritt der Menschheit glaubt, kann sich dem Grauen nicht ungeschützt aussetzen. Täglich wurden Tausende ermordet, Männer, Frauen und Kinder, Reiche und Arme, Gerechte und Ungerechte. In Auschwitz war jedes Gesetz außer Kraft gesetzt, es gibt keine Grausamkeit, die sich ein Gehirn auszudenken vermag, die hier nicht begangen wurde. Wie sollten unsere Lehrer und später unsere Professoren mit der zur Gewohnheit gewordenen aufklärerischen Haltung den paranoiden Irrsinn erklären, der die Züge täglich in die Vernichtungslager rollen ließ, selbst als die Fronttransporte darunter litten?

Wie sollten sie diesen Wendepunkt der Menschheitsgeschichte in ihr optimistisches Weltbild einbauen? Nur indem sie zur Begleiterscheinung machten, was doch eigentlich das Wesen des Regimes war. Sie mussten das Unsagbare des Holocaust eingrenzen, denn es entzog sich der allgemeinen Sinnstiftung, durch die jede Erscheinung ihren Platz und ihre gesetzmäßige Aufgabe hatte.

Der Antifaschismus in der DDR hatte seine tröstliche Seite, er entwirklichte das erschütternde Geschehen durch die Ritualisierung des Gedenkens und machte Debatten über persönliche Verantwortung überflüssig. Den Opfern wurde Gerechtigkeit zuteil, sie waren nicht umsonst gestorben, sondern erhielten eine höhere Weihe, die stets in dem Schwur »Nie wieder!« mündete, als könnte sich Geschichte jemals in den gleichen Formen wiederholen.

In der Kunst, in Filmen und Büchern, wurde der schützende Bannkreis aufgebrochen, am radikalsten wohl von Franz Fühmann. Ungläubig las ich, was er, der ehemalige Freiwillige in der Wehrmacht, in einem Reisetagebuch für eine Ungeheuerlichkeit schrieb. Froh darüber, als Soldat keine Grausamkeit begangen zu haben, zog er mit unerbitterlicher Logik aus seinem Einsatz den Schluss, dass er sehr wohl auch an den Öfen von Auschwitz hätte stehen können und dort seinen Dienst ebenso versehen hätte. Rückhaltlos bekannte sich der Dichter zu seiner Verantwortung und ließ sich von der allgemeinen Entschuldung im Lande, von der oft beschworenen Gewissheit, auf der richtigen Seite zu stehen, nicht freisprechen.

Wir füllten die Lücke in der offiziellen Darstellung des Faschismus aus, indem wir uns auf alles Jüdisch-Folkloristische stürzten, begierig Scholem Aljechem lasen, Chagall liebten und in die Konzerte mit jiddischen Liedern gingen. Unser Philosemitismus kam ohne ein Subjekt aus, das übrigens auch der Antisemitismus nicht benötigt. Es gab außer der weit entfernten Gerda gar keine Juden in meinem Leben, jedenfalls niemanden, der sich dazu bekannte und hätte erklären können, was das eigentlich bedeutet, ein Jude zu sein. Die Beklemmung, die aus dieser Abwesenheit erwuchs, nahm bizarre Züge an. Erst nach meinen langen Gesprächen mit Gerda und nach meinen Besuchen in Israel kann ich das Wort »Jude« völlig unbefangen aussprechen und sage nicht mehr wie es in vielen offiziellen Reden heißt: »jüdischer Mitbürger« oder »jüdische Menschen«.

Jetzt reise ich noch einmal nach Krakau, diesmal mit der festen Absicht, etwas in Erfahrung zu bringen, das Licht in Gerdas Erinnerungen bringen könnte. Auch in mir lebt noch immer die Vorstellung, es müsse sich restlos erklären und verstehen lassen, was damals geschah.

Die Züge nach Auschwitz fahren vom Krakauer Hauptbahnhof ab, ein schönes altes Gebäude mit geschwungenen schmiedeeisernen Baldachinen über den Eingängen. Der Vorplatz wird von Baggern aufgewühlt, ein riesiges neues Einkaufszentrum soll hier entstehen. Zu den Gleisen geht es durch eine Unterführung, in der Händler ihre Tische aufgebaut haben. Ein Antiquar hat eine polnische Ausgabe von Hitlers »Mein Kampf« neben dem »Kommunistischen Manifest« platziert – ein politischer Kommentar durch die bloße Anordnung im Bücherregal.

Der überheizte Vorort-Zug quietscht und ächzt in jeder Biegung, nach etwa anderthalb Stunden fährt er im Bahnhof Oświeçim ein.

Die beiden Mitarbeiterinnen in der Gedenkstätte Auschwitz hören mir lange zu, stellen viele Fragen. Für sie kommt es einem Wunder gleich, wenn plötzlich noch Überlebende auftauchen, von denen sie nichts wissen. Gerda ist so jemand. Nach jedem meiner Sätze reden die Frauen polnisch miteinander, holen Akten aus dem Archiv, diskutieren weiter.

Beim Erzählen versagt mir die Stimme. Ich kann mir das nicht erklären. Ich habe diese Geschichte schon oft erzählt, habe Freunden von meinen Plänen, von den Fortschritten des Buches berichtet, und ich weiß, dass diese Frauen solche Dinge schon oft gehört haben. Ich sitze in einem nüchternen Archiv im Stammlager Auschwitz und kann für Augenblicke nicht weiter sprechen und hoffe, dass sie es nicht bemerken. Vielleicht habe ich das Gefühl, hier an einem Endpunkt angelangt zu sein, am Ziel einer Reise.

Eine der beiden Frauen ist Helena Kubica, Spezialistin im Museum Auschwitz für das Schicksal von Kindern und Jugendlichen. Sie nimmt mich mit in ihr Büro, ihrem Wissen verdanke ich die wesentlichen Einsichten in das Lager-System. Ich frage sie auf den langen Gängen, während sie neben mir her läuft, ob das nicht ein besonders trauriges Arbeitsgebiet sei, für das sie da zuständig ist.

»Ja, sehr traurig«, sagt sie mit einem fast schüchternen Lächeln, das zeigt, wie oft sie diese Frage schon beantwortet hat. Sie habe selbst drei Kinder. Mehr muss sie nicht sagen.

Zunächst begreife ich schrittweise, was so schwer zu verstehen ist und mir bisher nur als Ausnahme erschien. Es hat in Auschwitz Entbindungen gegeben, etwa siebenhundert lassen sich nachweisen, sicher waren es viel mehr. Die ermordeten jüdischen Neugeborenen wurden nie registriert. Der Umgang mit den Schwangeren, den Wöchnerinnen und ihren Kindern veränderte sich im Verlauf der Lagergeschichte, in jeder einzelnen Phase, aber auch bei abgewandelten und widersprüchlichen Befehlen galt das Leben der Kinder absolut nichts.

Im März 1942 war zunächst eine Frauenabteilung, später ein Frauenlager eingerichtet worden. Zu Beginn wurden alle schwangeren Frauen sofort getötet. Auch wenn es gelang, heimlich ein Kind zu Welt zu bringen, wurden Mutter und Kind nach der entdeckten Geburt umgebracht, meist mit Phenolspritzen. Lagerarzt Mengele wurde bei solchen Kindsmorden beobachtet.

In der ersten Hälfte des Jahres 1943 wurden die Tötungen Schwangerer eingestellt. Die Babys aber brachte man weiterhin um, mit Spritzen oder man ertränkte sie in einer Wassertonne, die gleich in der Kranken-Baracke stand. Die Frauen, die hier einem Kind das Leben schenkten, wussten sehr genau, was nach der Geburt geschehen würde.

Ab Mitte 1943 kam es dann zu einer Veränderung: Nichtjüdische Kinder blieben am Leben. Sie wurden registriert, man tätowierte die Babys. Jungen erhielten Nummern aus der Männerserie, Mädchen aus der Frauenserie.

Das Standesamt II stellte regelrechte Geburtsurkunden für diese Kinder aus, als Geburtsort aber wurde nie das Konzentrationslager angegeben, sondern immer »Auschwitz, Kasernenstraße«. Dieser bürokratische Verwaltungsakt erscheint völlig unsinnig, denn auch wenn diese Kinder nicht sofort ermordet wurden, rechnete man doch mit ihrem baldigen Tod. Kaum eines von ihnen hat die furchtbaren hygienischen Zustände im Lager, die Unterernährung und die Krankheiten überstanden. Ihre Mütter erhielten keine zusätzlichen Rationen, konnten also auch kaum stillen.

Es gab wenige Ausnahmen. Helena Kubica erzählt mir von Anna Bogdańska, die am 26. Oktober 1944 in Auschwitz geboren wurde. Sie erhielt die Nummer 89 097, wurde aber nicht tätowiert. Ihre Mutter gehörte zu den Zivilisten, die als Racheakt der Nazis nach dem Warschauer Aufstand in das KZ Auschwitz kamen. Sie war im siebenten Monat schwanger, als sie eingeliefert wurde. Mutter und Kind haben überlebt. Alle Verordnungen aber galten nur für nichtjüdische Mütter und ihre Kinder.

Jüdische Babys wurden weiterhin sofort nach ihrer Geburt ermordet. Nur 1944 kam es zur rätselhaften Registrierung einiger jüdischer Kinder, an die auch Nummern vergeben wurden. Helena Kubica weiß bis heute keine Erklärung dafür. Sie gibt die Zahl der in Auschwitz geborenen und dort befreiten Kinder mit sechsundvierzig an, einige von ihnen sind noch kurz nach der Befreiung gestorben.

In Auschwitz gab es eine mit dreistöckigen Pritschen ausgestattete Entbindungsstube, die mehrfach in andere Unterkünfte verlegt wurde. Als Gerda entband, lag sie in der Baracke 24. Es fällt schwer, sich Schwangerschaft und Geburt an diesem Ort des Todes vorzustellen, unter schlimmsten Bedingungen. Es gab keine Medikamente, keine sauberen Instrumente und Wäschestücke. Die Frauen legten ihre Kinder in Papier, woran Gerda sich noch deutlich erinnert.

Konnte eine Mutter sich doch Stoff für Windeln besorgen, gab es wegen des Wassermangels kaum die Möglichkeit, sie zu waschen. Sie durften auch, einem ausdrücklichen Verbot der Lagerleitung zufolge, nicht draußen zum Trocknen aufgehängt werden.

Im November 1944 endeten die systematischen Massenmorde in Auschwitz, im Vormonat waren noch vierzigtausend Menschen umgebracht worden. Die SS verwandte ihre Energie darauf, die Spuren ihrer Verbrechen zu verwischen, vernichtete Unterlagen, zerstörte die Mordanlagen. Warum musste Gerdas Kind noch sterben?

Eine mögliche Erklärung führt zum KZ-Arzt Mengele, der nicht nur Zwillinge, Kleinwüchsige und Behinderte zu Tode quälte. Auch Schwangere betrachtete er als Menschenmaterial, bei dem er sich bediente. Er trieb – gleichgültig in welchem Stadium – Embryos und Föten ab, die er dann an deutsche Institute schickte. Schwangere infizierte er mit Typhus, um zu sehen, ob die Krankheit dabei auf das Kind übertragen würde.

Dann erwähnt Helena Kubica ein Experiment von Mengele, das an Gerdas Schicksal erinnert. Einer Jüdin, die gerade ein Kind geboren hatte, ließ er die Brust mit einem Gipsverband abbinden. Zunächst wusste die Mutter überhaupt nicht, was diese Maßnahme bedeuten sollte, dann wurde ihr das völlig Unfassbare mitgeteilt: Mengele wollte untersuchen, wie lange ein Säugling ohne Nahrung auskommen könne. Sieben Tage litten die verzweifelte Mutter und das verhungernde Kind, dann besorgte ihr eine Häftlingsärztin eine Morphiumspritze, um den Säugling zu erlösen.

Das war Anfang August 1944. Der Name dieser Frau, einer gebürtigen Tschechin, sei Ruth Elias. Sie lebe heute in Israel und habe ihre Erlebnisse in einem Buch beschrieben: »Die Hoffnung erhielt mich am Leben«.

Es ist unklar, ob auch Gerdas Kind für Mengele noch Teil seiner Versuchsreihe war, ob er das Sterben beobachtete und registrierte. Möglich wäre es, denn er hat Auschwitz erst im Januar 1945 verlassen, als ihm keine Opfer mehr für seine Experimente zur Verfügung standen. Bis zum 8. Dezember 1944 hat er seine schändlichen Versuche noch durchgeführt.

Vielleicht war die Begegnung mit Mengele bei einer Selektion, an die sich Gerda erinnert, die belanglose Frage nach ihrer Heimat, doch nicht zufällig und folgenlos.

Der Mediziner könnte mit geübtem Auge Gerdas Zustand erfasst und ihr Kind bereits für seine Experimente vorgesehen haben, ohne sich die Mühe zu machen, es der werdenden Mutter mitzuteilen.

Da er im August 1944 nach der Auflösung des »Zigeunerlagers« und der Ermordung der Sinti und Roma die Verantwortung im Frauenlager übernahm, könnte Gerda bei dieser Selektion bereits im sechsten Monat ihrer Schwangerschaft gewesen sein.

Diese mögliche Erklärung verschafft niemandem, nicht mir und nicht Gerda, das Gefühl, eine Antwort gefunden zu haben. Was könnte auch klärend sein an der Vorstellung, dass das Überleben eines Kindes nicht abhängig von seiner inneren Konstitution und von den Kräften der Mutter ist, auch nicht von den äußeren Umständen, sondern von dem Ende einer sinnlosen Versuchsreihe?

Gerda kann sich nicht daran erinnern, Mengele noch nach der Entbindung gesehen zu haben, doch das macht keinen Unterschied. Ein jüdisches Kind hatte kein Recht zu leben, auch nicht in diesen letzten Wochen des Lagers, in denen nicht mehr systematisch gemordet wurde. Ihm ging es bei diesen Versuchen nur um die Lebensdauer eines unversorgten Neugeborenen, das Ergebnis konnte er sich auch mitteilen lassen. Im Oktober 1944 besuchte ihn seine Frau in Auschwitz, er begleitete sie auf der Rückreise, möglicherweise war er während der Geburt gar nicht im Lager.

Vielleicht war das Abbinden der Brüste, das Stillverbot für ihr Kind, wenn es nicht zum Experiment Mengeles gehörte, auch so etwas wie die furchtbare Routine des Folterns und Tötens, Ausläufer des Gewohnten, als die alten Befehle nicht mehr verlässlich galten und neue nicht mehr erteilt wurden.

Gerda weiß nicht, wie sie in den Krankenbau kam, wie die Wehen begannen, wem sie sagte, dass sie ein Kind zur Welt bringen würde. Sie hat so viele Dinge vergessen, oder wie sie es ausdrückt: »Ich habe Auschwitz abgeschaltet.« Aber sie erinnert sich sehr genau an die Lebensdaten des Babys. Es lebte vom 22. Oktober bis zum 6. November 1944. Die Eckdaten dieses kurzen Lebens sind in ihr Gedächtnis eingraviert, wie ein kleiner Gedenkstein auf einem Kindergrab, das es nie gab.

Vom Stammlager fahre ich mit einem Taxi nach Birkenau. Der Fahrer, ein aufgeregter, älterer Herr, schaltet den Taxameter gar nicht erst ein, redet in schwer verständlichem Englisch ununterbrochen und atemberaubend schnell auf mich ein, schildert mir wortreich sein wunderschönes Haus hier in Auschwitz, mehrere Etagen, viele Zimmer und Bäder, alles entworfen von seiner Frau, die schließlich Architektin sei, dort drüben könne ich das Haus sehen, die Satellitenschüssel auf dem Dach überrage die Umgebung. Dabei blättert er blitzschnell ein dickes, auf seinem Schoß liegendes Fotobuch durch, als gehöre es zu einem touristischen Programm: die Kinder, die Enkel. Ich kann unmöglich eines der Bilder sehen, soll es wohl auch gar nicht, es genügt, dass die Verwandtschaft namentlich und vollzählig herbei zitiert wird. Besondere Erwähnung findet noch der Sohn, der mit seiner glänzenden Ausbildung jeden Job haben könnte und bei einer schwedischen Firma einen Haufen Geld verdiene. Das Taxi hält am Haupttor. Er würde in einer Stunde am anderen Ausgang auf mich warten.

Es ist ein strahlend schöner, eiskalter Tag. Ein riesiger, blauer Himmel wölbt sich über die baumlose Ebene von Auschwitz.

Die Schienen, auf denen die Züge aus ganz Europa anrollten, ziehen sich vom Tor bis kurz vor den Ort der Vernichtung, wo sie plötzlich enden. Ohne nachzudenken gehe ich wie alle anderen automatisch an diesen Schienen entlang immer weiter bis zu den Gaskammern und den Krematorien. Alles ist auf diese Bewegung ausgerichtet: die Schienenstränge bilden die Zentralachse und leiten die Blicke und Schritte unweigerlich zum Zentrum des Todes. Das ist die Logik von Auschwitz, der einzige »Sinn«. Diese Stahlparallelen auf der breiten Lagerstraße, die zum Ende führen. Die Barackenfelder links und rechts von dieser Achse beherbergten nur vorläufig die Menschen, die früher oder später auch diesen Weg gehen würden. Sie zogen wie Gerda jeden Morgen aus dem Tor hinaus zur Arbeit. Wenn sie am Abend erschöpft, sich gegenseitig stützend, die Umgekommen tragend, ins Lager zurückschleppten, führte der Weg immer in die auch ihnen vorbestimmte Richtung. Von dort wehte ihnen der Gestank entgegen, sahen sie die Flammen aus den Schornsteinen schlagen. So wenig wie ich mir das Sterben in Auschwitz vorstellen kann, so wenig auch das Leben in ständiger Nähe zum Tod.

»Es war furchtbar, wenn wir aus dem Fenster unserer Baracke die Leichenwagen sahen, die zum Krematorium fuhren. Vollgeladen. Jeden Tag«, hatte Gerda mir erzählt.

Es sind an diesem Tag nur wenige Besucher auf dem Gelände, zwei Schulklassen hören den Erklärungen zu, machen dann Fotos vor den Trümmern der gesprengten Gaskammern. Während meines Rundgangs bellt in der Nähe ununterbrochen ein Hund.

Links von der Rampe stehen noch die flachen Steinhäuser des Frauenlagers, in dem auch Gerda untergebracht war. Ich betrete eines dieser Häuser. Der lang gestreckte Raum ist mit Zwischenmauern unterteilt, in denen in regelmäßigen Abständen kleine Öffnungen zu erkennen sind. Dort hinein wurden wohl die Stangen gesteckt, auf denen dann die Bretter zum Schlafen lagen. Plötzlich fällt mir wieder der Unfall ein, von dem Gerda mir erzählt hatte. Die eingestürzte Pritsche, der Tod eines Mädchen, der sich ihr so eingeprägt hatte.

Auf der rechten Seite erstreckt sich das riesige Feld des einstigen Barackenlagers, von dem nur die Schornsteine geblieben sind, die als Markierungen der Unterkünfte empor ragen. Bewohner der Umgebung haben sich nach dem Krieg hier mit Holz versorgt. Gerade dieses, mit Stacheldraht eingezäunte, zerstörte Gelände erscheint durch die Spuren des Verfalls vollkommen real, beinahe erstaunt mich diese Tatsache. Dies ist kein Museum, die Zeit ist sichtbar über das Gelände hinweggegangen und wird es weiter verändern.

Auschwitz-Birkenau ist der konkrete Ort eines unvorstellbaren Völkermordes, aber kein Mythos, der ein Geheimnis birgt. Vielleicht war es genau das, was Gerda mir sagen wollte, auch wenn sie es niemals so ausdrücken würde. Darum wohl auch ihre geduldige Verwunderung über meine vielen Fragen, immer in der vergeblichen Hoffnung, etwas noch nie Gehörtes zu erfahren, etwas, das mich zum verborgenen Wesen des Geschehenen, zum Verstehen führen könnte. Dabei war es für Gerda ganz einfach: Dort wurde gestorben. Ich wollte leben.

Gerda hatte mir von der kräftigen Russin erzählt, die ihr Kind in den ersten Tagen gestillt habe, bis es verboten wurde. Auch auf sie erhalte ich einen Hinweis in Auschwitz: Diese Frau könnte Anna Polschtschikowa gewesen sein. Sie wurde im Februar 1944 mit einem Sammeltransport nach Auschwitz gebracht und erhielt die Nummer 75 560. Anna war zwei Jahre zuvor aus der Sowjetunion nach Österreich verschleppt worden und musste in Wien Zwangsarbeit verrichten. Sie ist immer wieder von ihren Arbeitsplätzen geflohen, deshalb sperrte man die schwangere Frau in Auschwitz ein.

Im Lager kam ihr Sohn Viktor zur Welt – am 15. Oktober 1944. Auch er erhielt eine Lagernummer: 199 784. Sie könnte

Eine kräftige Russin hatte Gerdas Kind in den ersten Tagen gestillt.
Anna Polschtschikowa und ihr Sohn Viktor, ein Jahr nach der Befreiung aus Auschwitz.

sich also in der Entbindungsbaracke befunden haben, als Gerda Ende Oktober dorthin kam, und sie könnte auch Gerdas Kind mit ihrer Milch gestillt haben. Ich habe Anna Polschtschikowa einen Brief geschrieben und gefragt, ob sie sich an dieses Kind erinnern könne, und nach ein paar Wochen eine ausführliche Antwort erhalten. Anna hatte auch zwei von ihr geschriebene Broschüren geschickt, Lebenserinnerungen einer Frau, die viele Kinder genährt hatte. Ihr Brief, in den sie einige gelbe, getrocknete Blüten gelegt hatte, ist so traurig, dass es mir, der ich ihr einen schönen, behüteten Lebensabend wünschte, weh tat, ihn zu lesen.

Viele Kinder habe ich gestillt und nicht nach ihren Namen oder den Namen ihrer Eltern gefragt. Ich habe einfach die hungrigen Kinder bedauert, weil ich aus meiner Kindheit weiß, was Hunger ist.

Unter Stalin sind in Russland ganze Dörfer ausgestorben und ich habe auch gehungert. Während der Stalinschen Fünfjahrpläne sind vierzig Millionen Menschen umgekommen. Meine Cousinen, Onkels und Tanten, Großvater und Großmutter sind umgekommen. Der Hunger hat sie umgebracht.

Und in Auschwitz waren alle Mütter und Kinder hungrig … Die Kinder starben auch von der Kälte, von den nassen Windeln, weil es nur wenige gab und man musste für einen Lappen dreihundert Gramm Brot abgeben (das war die Tagesration). Vor Kälte haben sich die Kinder oft eingemacht und die Mütter mussten die Windeln an ihrem Körper trocknen: am Kopf, am Leib, an den Beinen. Wasser gab es in der Baracke nicht.

Ich erinnere mich nur an die Französin Janett; ihren Sohn habe ich im Revier länger als einen Monat gestillt, ich erinnere mich an Frau Danuta Kwjatkowskaja-Dschasga, weil ich ihre Tochter Jolanta drei Wochen im Revier und in der Baracke, wo tausendfünfhundert Mütter und genauso viele Kinder waren, gestillt habe. Jolanta ist noch heute am Leben und wohnt in Polen, in Gleiwitz. Sie ist zweimal zu mir nach Jalta gekommen und ich war bei ihnen dreimal. Ich habe ukrainische Kinder, russische, weißrussische und einmal sogar eine Halb-Deutsche gestillt … Ich habe alle Kinder gestillt, wer auch immer mich darum bat.

Auch jüdische Kinder habe ich gestillt, aber das war verboten und dafür wurden die jüdische Mutter und jene, die ihr Kind gestillt hatte sowie ihr Kind sofort ins Krematorium geschickt. Eine rumänische Jüdin gebar einen gesunden, kräftigen Jungen. Drei Tage hat ihn seine Mutter nicht gestillt und er hat leise gejammert und an seinen Fingern gesaugt, aus denen bereits Blut tropfte. Ich konnte die Qualen nicht mit ansehen und entschied mich, eher zusammen mit ihm zu sterben, aber ich werde das unschuldige Kind stillen, aber je mehr ich ihn fütterte, um so lauter weinte er.

Er wollte nicht abwarten, bis ich ihm auf einem Löffel Muttermilch geben konnte, er wollte ununterbrochen schlucken und hat deshalb geschrien. Das sahen die Kranken und sie baten aus einer anderen Baracke einen Arzt herbei. Es kam eine dicke Chirurgin, gab ihm eine Spritze ins Herz und er war sofort tot. Ich fühlte mich schuldig und wusste nicht, was ich tun sollte. Was war für ihn besser, zu leben, sich zu quälen vor Hunger oder einen schnellen Tod zu sterben? Wenn die SS-Ärzte erfahren hätten, dass ich einen Juden gefüttert hatte, sie hätten uns alle in das Krematorium geschickt. So lautete der Befehl der Faschisten. Ich riskierte das Leben und ich bedauere es nicht. Ich bedauere eher, dass ich am Leben blieb …

Einmal habe ich zusammengerechnet, wie viele Kinder ich wohl gestillt habe. Es erwies sich: sieben Kinderchen waren es. Ich stillte sie auch aus dem Grund, weil ich befürchtete, dass bei mir die Milch versiegen könnte, wenn sie nicht aus der Brust herausgedrückt würde (…).

Mein Kind wurde nachts geboren und die Hebammen (…) verbanden ihm nicht den Nabel, und er lag neun Stunden und blutete. Er verfärbte sich schwarz, wurde ganz mager, erkrankte und erschlaffte und konnte nicht essen …

Ich spritzte ihm meine Milch ins Gesicht, in den kleinen Mund und habe mich mit allen Mitteln bemüht, ihm das Leben zu retten (…).

Heute bin ich krank, alt, hilflos, einsam und niemand braucht mich. Alle brauchen nur meine Bücher, meine Wohnung, meine Sachen, aber nicht mich.

Ich bin nun schon sechsundachtzig Jahre alt und habe nur noch wenig zu leben, aber ich habe in meiner Wohnung ein Museum »Auschwitz und Buchenwald« und mir ist es darum sehr schade, weil man alle meine Exponate auf die Straße wirft – aber ich habe sie mit großer Mühe über viele Jahre, Stück für Stück, gesammelt.

Anna schrieb weiter, sie fühle sich belauert und verfolgt, betrogen ausgerechnet von den Menschen, denen sie vertraut hatte. Auch wenn es aus der Ferne kaum möglich scheint, zu beurteilen, was die Gründe für die tiefe Verbitterung sind, was realer Bedrohung geschuldet sein könnte oder auch der Unsicherheit und Angst des hohen Alters, es schmerzt zu sehen, wie quälend die Lebensumstände dieser Frau heute sind.

Die Mitarbeiter des Maximilian-Kolbe-Werkes, das sich um die Überlebenden deutscher Konzentrationslager kümmert, haben auch Anna Pawlowna Polschtschikowa auf der Krim besucht und ihr, sowie dreihundert weiteren Opfern, eine Spende übergeben, die ihr einige Monate lang die materielle Sorge nehmen müsste.

Die Renten auf der Krim liegen bei etwa fünfundzwanzig bis dreißig Euro. Viele der alten Menschen, die besucht wurden, leben am Rand der Verwahrlosung.

Die Krakauer Repatriierungsstelle der sowjetischen Armee hatte Anna am 27. Februar 1945 eine Bescheinigung für die Rückreise nach Jalta ausgestellt. Ein Foto nach der Ankunft in der Heimat zeigt die strahlende Frau mit dem Gesicht einer starken, gesunden Bäuerin voller Glück und Stolz ihren einjährigen Sohn Viktor auf dem Arm haltend. Sie bedauert in ihrem Brief auch, mir bei meiner »edelmütigen« Tätigkeit nicht weiter helfen zu können, aber an Gerdas Namen könne sie sich beim besten Willen nicht erinnern. So bleibt nur die große Wahrscheinlichkeit, dass sie auch dieses Neugeborene einige Tage am Leben erhielt.

»Heute bin ich krank, alt, hilflos, einsam und niemand braucht mich.« – Bittere Zeilen von Anna Polschtschikowa, Krim 2004.

Ich wurde 1960 geboren. Heute erscheint es mir unbegreiflich, dass der Krieg da erst fünfzehn Jahre zurücklag. Die gleiche Zeitspanne trennt uns heute vom einschneidenden Erlebnis meines Lebens, der Wende, und es kommt mir doch so vor, als sei es erst gestern gewesen, dass die Mauer fiel. Als ich zur Schule kam, auch das wird mir erst heute klar, standen die Lehrerinnen – es waren fast nur Frauen an unserer Schule – noch ganz unmittelbar unter dem Eindruck des Krieges, aber alle ihre Schilderungen rückten das Geschehen in eine weite, fast mythische Ferne, in der alles anders, unvorstellbar und unbegreiflich gewesen war. Die Stadt, in der ich lebte, sei damals völlig zerstört und mit dem heroischen Fleiß der Werktätigen wieder aufgebaut worden. Allerdings konnte ich mir damals nicht erklären, warum ausgerechnet mein Bezirk, der Prenzlauer Berg, dessen Mietskasernen als leider verbliebenes kapitalistisches

Erbe angesehen und entsprechend geschmäht wurden, mit solcher Mühe wieder hergestellt wurde. Doch das musste geschehen sein, denn ich wohnte und spielte in intakten, alten Straßenzügen. Aber gefragt habe ich das niemanden. Vielleicht fragte man damals als Kind überhaupt weniger.

Je älter ich werde, desto enger schieben sich die Zeitabschnitte zusammen – fünfzehn Jahre vom Kriegsende bis zu meiner Geburt, fünfzehn Jahre von der Wende bis heute, die Abstände werden immer unerheblicher. Es liegt wohl an Gerdas Erzählungen und an den eigenen, sich aufschichtenden Lebensjahren, dass mir diese Vergangenheit heute sehr viel näher ist als in den Kinder- und Jugendtagen, als ein allgemeines »Interesse« die Einfühlung überlagerte, als alles zum Stoff der unbekümmerten Betrachtung wurde. Es ist, als sei ein Vorhang weggezogen worden, einfach dadurch, dass man selbst im Leben angekommen ist, Kinder hat und eine Ahnung von der Begrenztheit der eigenen Zeit.

Ich habe Gerda das Buch von Ruth Elias, die ihr Kind auch auf so schreckliche Weise wie sie verloren hat, nach New York geschickt. Sie hat es schnell gelesen, wie sie mir am Telefon erzählt, und ist sehr beeindruckt von der Erinnerungsfülle dieser fast gleichaltrigen tschechischen Jüdin, die so viele Details ungeheuer genau beschreibt.

»Aber Gerda, sie hat das Buch vor zehn Jahren geschrieben, da waren ihre Erinnerungen sicher noch viel klarer«, versuche ich die Gedächtnisleistung herunterzuspielen.

»Ich hätte so ein Buch auch vor zehn Jahren nicht schreiben können«, sagt sie bestimmt. »Ich habe nie etwas gelernt, bin früh aus der Schule gegangen und kann mich so nicht ausdrücken. Sie ist eine gebildete Frau. Das merkt man an ihrem Stil.«

Vielleicht war es keine gute Idee, Gerda das Buch zu schicken. Ihre eigenen Erinnerungen müssen ihr dadurch entwertet vorkommen, als wollte ich ihr insgeheim einen Vorwurf machen, wegen der vielen offenen Fragen, als wollte ich ihr einen Vergleich zwischen ihrem lückenhaften Gedächtnis und der Genauigkeit von Ruth Elias aufdrängen.

Dabei hätte ich vor Vergleichen gewarnt sein müssen. Eine Zeit lang stand ich mit einer in Auschwitz geborenen Frau in Briefkontakt. Sie wollte zunächst wissen, was meine Eltern und Großeltern während des Krieges getan hatten, bevor sie mir auf meine Fragen antworten würde. Als ihr klar wurde, worum es in diesem Buch ging, versprach sie mir zwar jede erdenkliche Hilfe, beschwor mich aber zugleich, ihre Geschichte nicht zu erzählen. »Vergleichen Sie nicht! Stellen Sie keine Schicksale gegenüber! Es ist zu schmerzlich.« Vergleichen Sie nicht. Immer wieder habe ich über dieses fast verzweifelt klingende Gebot nachgedacht und dennoch unentwegt verglichen, denn das schien mir die einzige, wenn auch völlig unangemessene Möglichkeit, mich den Erfahrungen Gerdas anzunähern. Das dichte, schwarze Strubbelhaar meiner Tochter, mit dem sie auf die Welt kam, die Pausbacken, die meinem Sohn das Aussehen eines winzigen barocken Engels verliehen, die aufgeregte Freude, die emsige Fürsorge und die kleinen Ängste der ersten Tage, keine dieser Erinnerungen führt mich näher an Gerda heran, weil der Verstand sich weigert, den Vergleich zu Ende zu bringen.

Babys sterben, Krankheiten oder der plötzliche Kindstod reißen sie aus dem Leben, und für die Eltern ist der Verlust nie zu verwinden. Aber dass Menschen absichtsvoll, nach einem niederträchtigen Plan, den langsamen Tod eines Kindes vor den Augen der hilflosen Mutter herbeiführen, übersteigt das Vorstellungsvermögen.

Ich versuche dennoch immer wieder, fast zwanghaft, mir vorzustellen, wie eine junge Mutter in einer Krankenbaracke liegt, in den Armen ihr verhungerndes Kind, wie Menschen daran vorbeilaufen, in völliger Gleichgültigkeit oder einen kurzen, prüfenden Blick in ihre Richtung werfen, um zu sehen, wie nah der Tod schon ist. Es gelingt mir genauso wenig, wie ich verstehen kann, dass Gerda Hoffnung für ihr Kind hegte, so oft ich sie auch danach frage. Aber vielleicht ist diese Erkenntnis für mich wichtiger als alle Gespräche über Auschwitz, dieses späte Akzeptieren einer Grenze, die ich nicht überschreiten, hinter die ich nicht einmal sehen kann. Ich stehe davor und warte auf Nachrichten, die Menschen wie Gerda überbringen. Überlebende, Ausnahmen, während diejenigen, die unter die Regel beim großen Morden fielen, nichts mehr berichten können.

»Vergleichen Sie nicht.« Natürlich bleibt die Geschichte der Warnerin, wie sie es wollte, hier unerzählt. Ihr Wunsch zeigt den tiefen Respekt dieser Unbenannten vor Gerda, der sie durch ihre bloße Existenz als in Auschwitz Geborene nicht wehtun will. Aber der Vergleich zwängte sich Gerda schon im Lager auf. Er war Teil der Folter. Die Qual, die man ihr bereitete, wurde gerade durch den Vergleich noch unerträglicher. Sie musste ertragen, dass nichtjüdische Kinder durchkamen in diesem November 1944, als das Ende schon so nah war, ihr jüdisches Baby aber nie eine Chance hatte.

Noch etwas viel Wichtigeres als die Detailfülle ist Gerda beim Lesen des Buches aufgefallen. Ruth Elias war mit anderen tschechischen Juden und Jüdinnen aus Theresienstadt gekommen, und die Gemeinschaft blieb im gewissen Sinne, auch wenn viele von ihnen umkamen, in Auschwitz erhalten. Sie war aufgehoben in einer Gruppe, die es für Gerda nicht gab. Als deutsche Jüdin fühlte sie sich doppelt gestraft und isoliert.

Ruth Elias beschreibt in ihrem Buch die wenigen Lebenstage ihres Kindes, das nur geboren wurde, weil Mengele es sterben sehen wollte. Eine tschechische Zahnärztin, Maca, hat es schließlich erlöst. Sie besorgte Ruth die Morphiumspritze für das immer schwächer werdende Kind. Als Ärztin fühlte sie sich auch in Auschwitz an den Eid des Hippokrates gebunden, deshalb konnte sie das Neugeborene nicht selbst töten und musste Ruth drängen, die unausdenkbare Tat selbst zu begehen. Sie sei durch Mengele zur Kindsmörderin geworden, schreibt Ruth Elias.

Mengele erkundigte sich am Morgen nach dem Baby. Als er erfuhr, dass es tot sei, suchte er es vergeblich unter dem Leichenberg der in der Nacht Verstorbenen. So blieb dieses Opfer wenigstens seinen Blicken verborgen. Maca wurde für Ruth eine Freundin fürs Leben.

Die Logik von Auschwitz: Ein verbrecherischer Arzt sieht ungerührt und mit kaltem Interesse zu, wie ein Neugeborenes unter Qualen stirbt, eine Ärztin erlöst das Kind und wird dadurch zur Wohltäterin.

Gerda hatte niemanden wie Maca an ihrer Seite. »Mir hat niemand geholfen, ich hatte niemanden, mit dem ich reden konnte.« Wie allein muss Gerda, eine noch sehr junge Frau, in diesen Tagen gewesen sein, in denen sie um das Leben ihres ersten Kindes kämpfte. Nachdem wir beide das Buch von Ruth Elias gelesen haben, frage ich Gerda, ob man ihr auch einen Gipsverband über die Brüste gelegt habe. Sie kann sich nicht daran erinnern. »Aber einen normalen Verband hättest du doch nachts lockern und so das Kind heimlich stillen können.«

»Das stimmt. Das hätte ich getan, denn damals hatte ich noch Mut. Es ging aber nicht, also muss es wohl auch so ein Gipsverband gewesen sein.«

Und erst jetzt frage ich, ob die in unserer Familie falsch erzählte Variante nicht doch eine mögliche gewesen sein könnte: »Hast du nicht daran gedacht, das Kind selbst zu töten?«

»Nein, das hätte ich nicht gekonnt.« Sie sagt das nicht, als weise sie eine Zumutung zurück, sondern mit ganz ruhiger Bestimmtheit, an der es keinen Zweifel gibt.

»Aber wenn es doch keine Chance gab ...«

»Ich habe nicht daran geglaubt, dass es keine Chance gibt. Irgendwie musste ich sie doch durchbringen, ich habe an nichts anderes gedacht.«

Ruth Elias steht schon vor ihrem Haus am Stadtrand von Haifa, als ich mit dem Taxi in ihre Straße einbiege. Ich erkenne sie von weitem an der roten Jacke, die sie mir am Telefon als Signal angekündigt hatte. Vor dem flachen Gebäude steht ein kniehohes Gewächs mit dunkelgrünen, fleischigen Blättern, zwischen denen bunte, trompetenartige Blüten leuchten. »So etwas gibt es bei Ihnen nicht«, sagt sie mit einem Lächeln, dessen Charme ich an diesen Vormittag noch öfter bewundern kann. »Ich liebe Israel«, fügt sie hinzu, als sei schon diese prachtvolle Pflanze Grund genug dafür. »Ich weiß, dass wir viele Fehler und schlimme Dinge gemacht haben, aber das hier ist meine Heimat.«

In einem abgedunkelten Zimmer sitzt ihr Mann, ein Überlebender auch er, und hört Radio. Er ist vor vier Jahren erblindet und findet sich nur schwer in seiner eigenen Wohnung zurecht. Stühle sind quer durch die Räume in Reihen aufgestellt worden, an denen er sich orientieren kann. Ihr Leben sei seit der Erblindung des Mannes sehr schwer geworden, sagt Ruth Elias. Früher habe er sich um die Amtsdinge gekümmert, jetzt laste alles auf ihr.

An den Wänden hängen überall seine Gemälde, darunter einige sehr kraftvolle, abstrakte Arbeiten, wahre Farbexplosionen. Nach seiner Erblindung formte er aus Staniolpapier Figuren in geschwungen Formen, die an die Eleganz eines Moore erinnern – Kunstwerke eines Blinden. »Ich muss irgend etwas mit meinen Händen tun«, sagt er. »Vielleicht fange ich auch wieder mit der Keramik an.«

Mit dem asiatischen Pfleger spricht Ruth Elias ein makelloses Oxford-Englisch. Untereinander redet das Ehepaar für gewöhnlich Tschechisch, doch aus Höflichkeit dem Gast gegenüber wird während meines Besuchs nur Deutsch gesprochen, ein schönes, altertümlich klingendes Deutsch, das sich hier, auf der anderen Seite des Mittelmeeres, konserviert hat. Schon am Telefon, als ich meinen Besuch in Israel angekündigt hatte, war mir dieser Klang aufgefallen.

So wie Gerda zunächst nicht glauben konnte, dass es einen Menschen gibt, der ihr Schicksal teilt, ist auch Ruth Elias bewegt. Sie fragt mich nach jedem Detail und überlegt lange, ob sie Gerda nicht begegnet sein könnte. Doch als Gerda entband, war Ruth längst nicht mehr in Auschwitz, sondern in einem kleinen Lager bei Leipzig, wo sie die Befreiung erlebte.

Mich beeindruckten in ihrem Buch besonders die Szenen, in denen sie die Auflösung beschrieb, das Nachlassen des Drucks. Während des Vormarsches der Befreier verwandelten sich die Aufseherinnen, die eben noch bereit waren, jeden Häftling gnadenlos zu schinden und zu töten, wieder in Zivilpersonen, rauchten mit den Gefangenen und harrten der Dinge, die da kommen würden.

Ich frage sie, warum sie sich entschlossen habe, das Buch zu schreiben.

»Zwischen meinen Kindern und mir stand eine Wand.« Die Hände von Ruth Elias zeigen das Hindernis. »Das Unausgesprochene war eine Barriere. Wir wollten nicht sprechen, wir wollten sie nicht belasten. Ich habe diese Distanz immer gespürt und dennoch das Gespräch über die Vergangenheit vermieden.«

»Vielleicht war das ein Fehler«, sagt Kurt leise.

»Sicher war es ein Fehler«, räumt Ruth ein und fügt sofort hinzu, dass es in den Anfangsjahren, als alles neu und rein und zukunftsfroh sein sollte, vielleicht auch nicht anders gegangen wäre. Doch dann wurde der Abstand zu den Kindern immer größer und schmerzlicher. Sie vermissten eine normale familiäre Vergangenheit, wuchsen ohne Großväter und Großmütter auf. Vielleicht entstand das Buch nur, weil Ruth den richtigen Zeitpunkt zum Erzählen verpasst hatte.

Sie habe sich in ihr Zimmer zurückgezogen, geweint und geschrieben, geschrieben und geweint, erinnert sie sich. Ihre Autobiografie wurde in Israel als das wichtige und berührende Zeugnis einer Überlebenden aufgenommen und in mehrere Sprachen übersetzt. Die Autorin sprach vor Schulklassen, las in Bibliotheken und absolviert noch immer mehrere Veranstaltungen im Monat. Für eine Lesereise fuhr Ruth Elias sogar nach Deutschland und trat in vollen Sälen auf.

»Sind Ihre Söhne jetzt eigentlich stolz auf Sie?«, will ich wissen.

»Gesagt haben sie es mir nie«, sagt sie mit lächelnder Resignation und sieht hinüber zum Nachbargrundstück, auf dem sich einer ihrer Söhne ein großes Haus im italienischen Stil gebaut hat.

Dann führt mich Ruth in das kleine Arbeitszimmer, nicht ohne sich vorher ausführlich für die Unordnung dort zu entschuldigen, die ich gar nicht erkennen kann. Der Raum ist das überschaubare Archiv ihres Lebens geworden, eine Dokumentation der durch das Buch bewirkten Veränderungen. Weil sie

Hebräisch nur gut sprechen, aber nicht schreiben kann, hat sie für die israelische Ausgabe ihre Erinnerungen auf Kassetten gesprochen, die dann abgeschrieben wurden. Die Tonträger hat sie im Regal gestapelt. In dicken Ordnern sammelte sie alle Briefe aus Deutschland, jeder einzelne sei von ihr beantwortet worden. Nur die antisemitischen Beschimpfungen hätte sie an den Verlag weitergeleitet.

Wir blättern in diesen Briefen, aus denen eine hilflose Betroffenheit der Leser spricht. Manche enthielten kleine Geschenke, etwa eine goldene Kette mit einem Hufeisen. Genauso einen Talisman trug Ruth Elias all die Jahre der Verfolgung bei sich, bis er in Israel verloren ging, was sie im Buch beschreibt. »Ich kann diese neue Kette gar nicht tragen, das wäre viel zu schmerzlich«, sagt sie.

Eine Leserin hat Ruth eine Kupfermünze geschenkt. Im Begleitbrief erklärt sie diese Gabe als eine Geste der Versöhnung über eine Mauer hinweg, eine zugeworfene Münze, die sie, Ruth, bitte auffangen möge. Aus all diesen Briefen spricht die ehrliche Hoffnung, so etwas wie Absolution von dem Opfer zu erhalten. Beim Lesen werde ich ein unbehagliches Gefühl nicht los, zum einen, weil dieser Wunsch nach Vergebung ebenso vermessen wie fehlgeleitet ist, zum andern, weil ich mich selbst in diesem Herandrängen an die Opfer wieder erkenne, in diesem Begehren, mit der eigenen Trauer auch das Geläutertsein zu demonstrieren. Zum Glück entgeht Ruth Elias dieser Ton in den Briefen, sie freut sich einfach über die Fülle der Reaktionen. »Grüßen Sie Gerda herzlich von mir«, sagt sie zum Abschied und winkt dem Auto lange hinterher.

Am Nachmittag fahre ich mit Hassan, einem arabischen Taxifahrer, in die besetzten Gebiete. Es gibt keine Probleme an den

Checkpoints. Der letzte Anschlag in Israel liegt einige Wochen zurück. Nach dem Tod von Arafat keimt Hoffnung auf.

In einer Falafel-Bude im Zentrum von Ramallah stellt der Fahrer mich einem Bekannten vor, einem fröhlichen, jungen Mann, der mich herzlich begrüßt und anerkennende Gesten macht, die ich mir nicht erklären kann. »Deutsche gut«, übersetzt der Fahrer. »Hitler gut, hat Schluss gemacht mit den Juden.«

Hassan versteht mein Entsetzen überhaupt nicht. »Er mag dich doch – er mag nur keine Juden!«

»Hassan, wenn er mich mag, dann aus den falschen Gründen. Verstehst du nicht, wir empfinden Scham wegen dieser Morde, wir sind nicht stolz darauf.«

Hassan scheint betroffen zu sein, nicht weil er meine Erklärungsversuche verstanden hat, sondern weil ich, warum auch immer, verletzt sein könnte.

An ein und demselben Tag sitze ich mit einer Auschwitz-Überlebenden am Kaffeetisch und esse Schawama bei einem Judenhasser. Die Fahrtzeit zwischen den Wohnorten der beiden Menschen, die sich nie gesehen haben und sicher nie begegnen werden, beträgt kaum mehr als eine Stunde.

Einige Wochen später lerne ich die israelische Schriftstellerin Lizzie Doron kennen, die sich selbst »als schweren Fall von zweiter Generation« bezeichnet. Natürlich kennt sie Ruth Elias und auch deren Söhne. Israel ist ein kleines Land.

Hätte ihre eigene Mutter über ihre Erfahrungen in Auschwitz gesprochen, wären Lizzis Bücher nie entstanden. So schrieb sie sich das Schweigen ihrer Mutter vom Leibe, seltsame Erlebnisse mit einer starken, verschlossenen Frau, von der sie so gut wie nichts wusste, nicht einmal deren wahres Geburtsdatum kannte sie. Ihre Mutter feierte statt der eigenen Geburt immer den Jahrestag der Befreiung von Auschwitz.

Ich erzähle ihr von Ruth Elias' Briefsammlung, und Lizzie versteht mich sofort. Genau das sei ihr immer wieder bei Lesungen vor Deutschen passiert, und es sei in ihrem Fall ganz besonders absurd, wenn sie, eine Nachgeborene, um Verzeihung für die Verbrechen der Nazis gebeten würde, von Leuten, die wiederum Nachfahren der Täter wären. »Ich spürte, dass ein einziges Wort von mir genügt hätte, um sie zu erlösen, aber es wäre falsch gewesen. Ich bin nicht diejenige, die ein solches Wort zu sagen hat, wenn es denn überhaupt gesagt werden kann. Aber ich war vor lauter Mitleid mit der offensichtlichen Qual dieser Leute kurz davor, es doch zu sagen ... Ich bin total neurotisch«, lacht mir die blond gelockte Frau ins Gesicht. »Aber ihr Deutschen seid es nicht weniger! Vielleicht ist das ja eine gute Voraussetzung für etwas Neues!«

Ich hätte all diese Erlebnisse so gern noch meiner Großmutter erzählt. Immer wieder ertappe ich mich beim Schreiben bei dem Gedanken, ich müsse sie nur schnell anrufen, sie wüsste bestimmt gleich jedes strittige Detail, sie wäre die Instanz gewesen, die jede Aussage unerbittlich geprüft hätte.

Ich habe nie verstehen können, dass ihre Schwiegersöhne oder ihre Töchter manchmal Angst vor dieser kleinen Frau hatten, für die ich nur grenzenlose Zuneigung empfand. Ich liebte ihren resoluten Humor, ihre unerschöpfliche Energie und selbst ihr geradezu preußisches Pflichtgefühl. Die Gründe für die Ehrfurcht, die man ihr entgegenbrachte, mussten in einer mir verborgenen Vergangenheit liegen, in der sie noch nicht diese winzige, alte Frau auf dem Sofa, sondern Mittelpunkt einer großen, mit harter Hand zusammengehaltenen Familie war. Sie besaß nichts, das sie für dieses Regiment befähigt hätte außer ihrer starken Persönlichkeit – keine lang gehütete Tradition hatte sie an diese Stelle gesetzt, keine Machtmittel, schon gar kein Geld, sondern einzig und allein ihr Wille, es zu schaffen, ohne Mann, ohne Hilfe von irgendeiner Seite, vier Kinder durchzubringen, anständig zu kleiden und zu versorgen. Für die Menschen, denen zuliebe sie das tat, muss dieser unbeirrbare, nie zur Diskussion stehende mütterliche Absolutismus manchmal eine Qual gewesen sein. Für mich war er ein weiterer Grund, sie zu lieben und zu bewundern. Vieles, was ich weiß, sind Auszüge aus ihren wunderbaren farbigen Geschichten, Erinnerungssplitter, die bei mir hängen geblieben sind, sicher nicht immer das Wichtigste, oft genug nur das besonders gut Erzählte.

Aber vielleicht ist es besser so. Vielleicht hätte bei einer langen Befragung ihre schöpferische Phantasie, anders als Gerdas Bekenntnis zur Lückenhaftigkeit, doch ein System, einen Sinn in diese nicht zu ordnenden Vorgänge gebracht, einfach dadurch, dass sie effektvoll vermittelt worden wären.

Wenn ich dieser stolzen Frau noch von meinen Reisen, Gesprächen und Recherchen hätte berichten können, hätte sie mich vermutlich nicht verstanden.

Es wäre ihr unbegreiflich gewesen, wieso sich nichts darin zu einer Einheit fügt, obwohl ich doch nun fast alles weiß. Wie hätte ich ihr verständlich machen sollen, dass diese Geschehnisse für mich nur real geworden sind, gerade weil nichts mehr zusammenpasste und sich die fertigen Bilder aufgelöst haben. Eine Überlebende, die geschwiegen hatte, nicht nur, weil die Schatten der Vergangenheit so drückend waren, sondern auch wegen der Scham über einen Fehltritt, dessen Beteiligte bis auf sie selbst längst nicht mehr leben. Eine gemütliche Tante, die von allen, vor allem von ihrer Schwester, gutmütig unterschätzt wurde und die doch unerschrocken einer untergetauchten Jüdin half. Ein großherziger, allseits beliebter und auf Ausgleich bedachter Großvater, der auch die kleine jüdische Freundin seiner Familie bezaubert und später Frauen und Kinder an der Schwelle zum Tod bewacht hat. Ein Lebensretter, dem niemand eine so selbstlose, in seinem Charakter nirgends angelegte Tat zugetraut hätte, und der danach wieder in düstere Menschenfeindschaft versank. Solche Widersprüche waren ihre Sache nicht, die Dinge mussten sich runden und fügen.

Ich hätte im Gespräch mit meiner Großmutter sicher auch nicht herausgefunden, warum der Hungertod des Kindes jene falschen Interpretationen erfuhr, die sich bis heute in der Familie gehalten haben.

Ich vermute, dass die Variante der Tötung des Babys durch Gerda von meiner Großmutter stammen könnte. Nicht als willentliche Erfindung, sondern weil ihr diese Fassung trotz allem weniger grausam erschienen sein muss als die Wahrheit, die sie ja ohne Zweifel von Gerda selbst gehört hatte. Großmutter verdrängte den tatsächlichen Hergang, diese Tage des qualvollen Zusehens, dieses Warten auf den Tod, weil sie sich nicht vorstellen konnte, wie man so vollständig zur Reglosigkeit verurteilt sein kann. Sie, die zeitlebens von einer unbändigen Aktivität geprägt war, musste das Geschehen in Auschwitz anders erzählen, nicht um es zusätzlich zu dramatisieren, sondern um es überhaupt erfassen zu können. In dem Ersticken des Kindes wurde Gerda rückwirkend die Möglichkeit des Handelns zurückgegeben. Nicht der Hunger, keine Krankheit, nicht die mordende SS, sondern die Mutter selbst brachte dem Kind den Tod, entzog es einem noch furchtbareren Ende.

Meine Großmutter war 1945 mit ihren vier Kindern, das jüngste erst ein paar Monate alt, meist zu Fuß wochenlang von Prag nach Berlin unterwegs. Sie sah diesen Weg als ihre eigentliche

Lebensleistung an und erzählte unzählige Geschichten über die durchgestandenen Gefahren und einen sechsten Sinn, der sie und die ihren beschützt hatte. Vergewaltigungen entging sie durch das Baby an ihrer Brust, dennoch wurden sie und ihre halbwüchsigen Töchter, denen ebenfalls nichts geschah, Zeugen entsetzlicher Szenen. Sie erlebten auch selbstlose Hilfe und großzügige Unterstützung durch die Sowjetsoldaten, die der Anblick dieser Mutter mit ihren Kindern rührte. Die Geschichte dieser Flucht hätte es verdient, in einem Buch erzählt zu werden, das meine Großmutter leider nie geschrieben hat. Es wäre ein erschütterndes Dokument geworden, zerrissen von der Widersprüchlichkeit ihres damaligen Erlebens, von Grausamkeiten und Mitgefühl, ohne Vorwürfe und ohne jedes Selbstmitleid. So sehr sie auch litt in jenen Wochen, sie sah ihre Flucht immer als Konsequenz eines ungerechten Krieges an. »Wir hatten dort nichts zu suchen«, sagte sie kurz und bündig. Sie verlor dabei allerdings nicht ihre Heimat, sie kehrte in ihre Stadt zurück, in die sie gehörte.

Für meine Großmutter war diese schwere Zeit trotz aller Schrecken vielleicht die erste Periode in ihrem Leben, in der sie vor Entscheidungen stand, in der sie Wahlmöglichkeiten hatte, so seltsam das klingen mag.

In einem kleinen sächsischen Ort bot ihr der neu ernannte Bürgermeister eine großzügige Unterkunft an, weil man eine Schneiderin gut gebrauchen konnte. Sie hat das ernsthaft in Erwägung gezogen, entschloss sich dann aber doch, den beschwerlichen Weg nach Berlin fortzusetzen, weil ihr Mann sie dort suchen würde. Das Leben dieser Arbeiterfrau bestand fast nur aus Zwängen und unentrinnbarer Verantwortung, aber durch die Flucht konnte sie dieses Schicksal voller Stolz für sich annehmen.

Meine Großmutter sah den wochenlangen Fußweg mit den Kindern von Prag nach Berlin als ihre eigentliche Lebensleistung an. Das Foto zeigt sie in ihren letzten Jahren.

In Berlin trafen sie dann wieder zusammen. Gerda hatte sich als Opfer des Faschismus offiziell anerkennen lassen. Der Ausweis zeigt sie in der Häftlingskleidung, sie trägt das Haar halblang, hat wieder an Gewicht gewonnen und sieht ernst und selbstbewusst aus. Man hatte ihr eine schöne, vollständig eingerichtete Wohnung zugewiesen, die einem Nazi gehört haben soll, an den Gerda natürlich keinen Gedanken verschwendete. Ihre viel jüngeren Freundinnen, meine Mutter und ihre Cousine Dorle haben diese helle, freundliche Wohnung in der Trelleborger Straße als ein Paradies in Erinnerung. Verantwortlich für die Vergabe des knappen Wohnraums war ein alter Sozialist, der Vater des jungen Mannes, dem Gerda ihre Geschichte, wenn auch in der dritten Person, erzählt hatte und dessen Text im New Yorker Reißwolf verschwunden ist.

Da Gerda bald wieder ihre Arbeit als Kürschnerin aufnahm, hingen überall Pelze, die sie ausbesserte, und deren schimmernder sanfter Glanz den Zimmern eine ganz besondere, eigentümliche Gemütlichkeit verlieh. Zusammen mit Norbert, dem Bruder ihrer Freundin Gerdi, der ebenfalls Kürschner war, gründete sie ein kleines Unternehmen in den eigenen vier Wänden. Sie besserten Pelze aus und übernahmen vor allem Aufträge der russischen Besatzer. Auch Gerdi und ihr Mann Bully machten sich selbständig. Sie betrieben einen durchaus erfolgreichen Altwarenhandel unter dem Motto: »Wir kaufen alles.« Bullys Organisationstalent, in harten Zeiten geschult, machte sich hier bezahlt.

Für Tante Hilde und meine Großmutter war Gerda immer so etwas wie eine jüngere Schwester gewesen, für die heranwachsenden Töchter Helga und Dorle wurde sie jetzt zur großen, bewunderten Freundin. Sie verstand ihre Nöte und Sehnsüchte, zeigte ihnen, wie man sich schminkt und trotz des allgemeinen Mangels gut kleidet. In jenen Jahren malten sich die Mädchen schwarze Striche auf die Beine, um Nylonstrümpfe, von denen sie nur träumen konnten, vorzutäuschen. Gerda gab ihnen, so viel sie konnte. Sie teilte alles, jetzt war sie die Helfende, und in dieser Rolle fühlte sie sich deutlich wohler als in der einer Nehmenden. Noch heute schwärmt meine Mutter von den Kappen aus Seerobbenfell, die Gerda für sie nähte und die schräg auf den Kopf gesetzt an den pathetischen Kleidungsstil des Komponisten Richard Wagner erinnerten.

Während die Mütter aus Angst vor ungewollten Schwangerschaften die Sexualität verteufelten und einen Schutzwall aus Angst um ihre Töchter errichteten, trat mit Gerda eine junge Frau in das Leben der Mädchen, die entschlossen war, das Vergangene zu vergessen. »Gerda roch immer so gut«, sagt Dorle. »Sie machte nach der Befreiung genau dort weiter, wo wir getrennt wurden, sie kleidete sich elegant und genoss ihr Leben.« In diesen Wochen nach dem Krieg verfestigte sich in Gerda die

Vorstellung, dass sie über das Erlebte schweigen müsse, dass sie nicht daran rühren, es nicht mehr in ihr Leben lassen dürfe. Vielleicht nicht nur, weil es zu schmerzhaft für sie gewesen wäre, sondern auch weil sie spürte, dass es ihr gar nicht abverlangt wurde. In der Klasse meiner Mutter zeigte eine Lehrerin, die selbst im Lager gewesen war, die furchtbaren, von den Alliierten im KZ gemachten Fotos. Meine Mutter glaubte den Bildern zunächst nicht, und als sie schließlich deren Realität anerkannte, stellte sie keinerlei Verbindung zum Schicksal ihrer großen Freundin her, die all dies doch mit eigenen Augen gesehen haben musste. Niemals fragte sie Gerda danach, was ihr heute völlig unbegreiflich ist.

Wie man vor einem tödlich Erkrankten die Bezeichnung des Leidens umgeht, sprach man vor Gerda das Wort Auschwitz nicht aus, so beharrlich, dass sie schließlich glauben musste, es hätte Bedeutung nur für sie selbst. Gerdas ständige Zweifel bei unseren Gesprächen, ob denn dies überhaupt jemanden interessieren könnte, rühren vielleicht aus dieser Zeit, als das Schweigen begann.

Gerda hatte nach dem Krieg ihr Verhältnis zu Barothy, für dessen immer noch bestehendes Pelzgeschäft sie erneut arbeitete, wieder aufleben lassen. Er wohnte nur wenige Schritte von ihr entfernt und versprach immer wieder, er würde sich scheiden lassen. Tatsächlich wurde die Ehe geschieden, aber später, als Gerda schon längst in den USA war und jeden Kontakt zu ihrem einstigen Geliebten abgebrochen hatte.

Meine Mutter erinnert sich daran, wie sie nach dem Krieg mit ihrer Cousine Dorle einmal zu seinem Laden in die Bühlowstraße fuhr. Barothy war noch immer schön und machte die jungen Mädchen schon durch seinen Anblick verlegen. Sie sollten ihm eine fertige Arbeit von Gerda überbringen, und dass sie von seinem Verhältnis zu ihr wussten, vergrößerte die Peinlichkeit noch. Sie standen kichernd im Geschäft und warteten, bis er Zeit für sie hätte. Da sich das hinzog, lachten und zischelten sie immer mehr und wurden schließlich durch Barothys schneidenden Zuruf, »Alberne Gänse!«, zum Schweigen gebracht.

Barothy und Gerda sind in Berlin zusammen ausgegangen, einmal kam sogar seine Ehefrau mit, die vielleicht etwas von dem andauernden Verhältnis ahnte. Gerda verursacht das heute noch ein schlechtes Gewissen. »Die Frau muss gelitten haben, und ich war schuld daran«, sagt sie. Und sie kann sich nur damit trösten, dass sie keineswegs die einzige Geliebte dieses Mannes war. Sicher war das Scheitern ihrer Hoffnungen auf eine dauerhafte Verbindung mit ihm einer der Gründe für ihre Auswanderung, neben der Not und dem lange nicht eingestandenen Gefühl, nicht mehr heimisch zu werden in der zerbombten, fremd gewordenen Stadt.

Sie hatte in einer Anzeige in der deutschsprachigen jüdischen Zeitschrift »Aufbau« nach ihrer Schwester Toni gesucht. Ein Freund in den USA stieß darauf und überbrachte Toni die unglaubliche Nachricht, dass eines der Familienmitglieder das Morden in Europa überlebt hatte.

Gerda ging 1947 über Schweden nach Amerika, zunächst nach Chicago zu Toni, die alle Kosten für die Übersiedlung übernommen hatte. Später hat Gerda ihr jeden Cent zurückgezahlt. Weil sie in New York Aussicht auf Arbeit hatte, zog sie dorthin, besuchte einen Sprachkurs, bei dem sie ihren späteren Mann kennen lernte, auch er ein überlebender Jude. Der in Polen geborene Sam hatte während des Krieges in der Roten Armee gedient. In den USA versuchte er sich in verschiedenen Geschäften, auch einen Schmuckladen betrieb er. Dieses Unter-

Gerda (links) ging 1947 über Schweden nach Amerika, zunächst zur Familie ihrer Schwester Toni (rechts) nach Chicago.

nehmen scheint nicht sehr erfolgreich gewesen zu sein, denn in Gerdas großem Kleiderschrank befinden sich noch immer unverkaufte Schmuckstücke, Ketten und auf kleine Papp-Quadrate gesteckte Ohrringe. Als ich ihr erzählte, dass ich für meine Tochter Ohrringe kaufen wolle, schenkte sie mir sofort ein Paar aus diesem Fundus, aus Golddraht geformte, sehr nach den sechziger Jahren aussehende Tropfen, an denen jeweils eine Perle hängt.

Ich nahm sie eher aus Höflichkeit mit, kaufte dann noch selbst ein folkloristisch wirkendes Paar und war sehr überrascht, dass Gerdas Ohrringe bei meiner Tochter viel größere Begeisterung auslösten als meine.

Als ich Gerda davon erzählte, freute sie sich so herzlich, dass ich sofort wieder daran denken musste, wie gut ihr eine Tochter oder eine Enkelin getan hätte. Familie bedeutet für sie heute ausschließlich Steven. Ihre Schwester Toni und deren Mann sind längst gestorben, zu deren Sohn Geoffrey hat sie ein herzliches Verhältnis, auch wenn sie den Immobilienmakler aus Chicago und dessen zwei Kinder nur selten sieht. Dieser Neffe hat – anders als Steven – nicht das geringste Interesse am Holocaust, fragt nie nach damaligen Geschehnissen und erfreut sich einer robusten körperlichen und seelischen Gesundheit. Vielleicht hätte sie ihm irgendwann erzählen können, was ihr widerfuhr. Er hätte es sicher mit einer Gelassenheit aufgenommen, die wohltuend für sie gewesen wäre.

Gerdas Mann Sam war offenbar ein moralisch rigoroser Mensch mit sehr festen Ansichten, ähnlich wie sein Sohn. Gerda wagte weder mit dem einen noch mit dem anderen über das Vergangene zu sprechen, nicht nur, weil sie es verdrängen wollte, sondern auch, weil es immer das Eingeständnis ihres Fehltrittes eingeschlossen hätte. Irgendwann war dann der richtige Zeitpunkt verpasst, jedes spätere Bekenntnis wäre übergroß und dramatisch geworden, es wurde immer unmöglicher, je mehr Zeit verstrich.

»Deine Leser werden doch auch denken, dass ich eine Slut war, eine Schlampe«, sagt sie. »Nein«, versuche ich sie endlich zu überzeugen, »sie werden denken, dass du eine mutige Frau bist, die allen Grund hätte, auf sich stolz zu sein, statt sich zu allem, was sie erleben musste, auch noch mit einer Schuld herumzuschlagen, die keine ist. Jeden Tag verlieben und betrügen sich ein paar Millionen Menschen, da solltest du dem gutgläubigen Mädchen endlich verzeihen, das sich mit seiner ganzen Sehnsucht an diesen Mann klammerte, der diese Gefühle möglicherweise nicht einmal verdiente. Aber wer will das heute schon noch entscheiden.«

»Steven wird das anders sehen. Er ist so streng, was sicher unsere Schuld ist. Wir haben ihm das Leben wirklich nicht leicht gemacht, Sam und ich. Wir hatten so große Erwartungen an ihn, alles, was uns verweigert worden war, sollte ihm offen stehen. Damit haben wir ihn total überfordert.«

Wir sind noch nicht fertig mit Barothy. »Hast du jemals wieder etwas von ihm gehört«, frage ich. »Er hat sich noch mal bei deiner Großmutter gemeldet, um meine Adresse in Amerika zu erfahren. Ich sollte ihm helfen, hierher zu kommen. Vielleicht hatte er das schon in den Nachkriegstagen im Auge. Ich habe nicht darauf reagiert. Aber er war ein raffinierter Hund. Bestimmt hat er es irgendwie geschafft und ist nach Amerika gekommen.«

In Deutschland habe ich keine Spur von ihm gefunden. Gerda könnte Recht haben. Er hat sich aus dieser Geschichte einen Abgang verschafft, der zu ihm passt: geheimnisvoll und verschwiegen. Seine geschiedene Ehefrau hat sich mit dem gemeinsamen Sohn 1949 aus Berlin abgemeldet. Als neue Adresse gab sie Osnabrück an, Strang 21. Doch dort haben sie sich niemals niedergelassen. Auch Zoltan Barothy hat sich aus Berlin zurückgezogen, mit unbekanntem Ziel, wie es in den Akten heißt. Der Name Barothy ist selten. Ich habe ein paar Namensträger in Ungarn, in der Schweiz und in den USA gefunden, auch in anderer Schreibweise als »Barothi«. Alle waren interessiert an diesem verschütteten Teil der Familiengeschichte, alle boten Hilfe an, doch niemand hatte von diesem möglicherweise entfernten Verwandten gehört, der lange Zeit in Berlin gelebt hatte, um dann spurlos zu verschwinden.

In Amerika nahm sich Gerda einen Berliner Anwalt, der ihre Renten- und Abfindungsangelegenheiten gewissenhaft erledigte. Sie hat den umfangreichen Schriftverkehr aufgehoben, Maschinen geschriebene Seiten, auf denen die materiellen Verluste und die gesundheitlichen Folgeschäden der Lagerhaft aufgelistet sind. Von Schlaflosigkeit ist da die Rede, von Angstzuständen und Panikattacken. Erst mit den Jahren sei sie ruhiger geworden, auch ihr Mann habe lange gebraucht, um das Gefühl ständiger Verfolgung loszuwerden.

Ein amerikanischer Arzt hatte ihr bescheinigt: »Can not hold gas.« Ich verstehe diese Formulierung nicht und vermute sofort etwas, das mit Auschwitz zu tun haben könnte, vielleicht mit Gasgeruch. Mein betroffenes Gesicht, in dem sich vermutlich die Vorstellung schrecklicher Dinge spiegelt, löst bei Gerda kräftiges Lachen aus. »Ich musste immer … wie heißt das … pupsen. Genau. Ich hatte ständig Blähungen. Nichts anderes heißt das.«

Meine Großmutter und Gerda schrieben sich regelmäßig Briefe, in denen es meist um die Kinder ging, um familiäre Ereignisse. Gerda bewunderte den flüssigen Stil meiner Großmutter, ihren überbordenden Wortreichtum und die Farbigkeit ihrer Schilderungen. Sie selbst schrieb oft über das Anwesen, das sie sich mit ihrem Mann gekauft hatte, in einem Ort nahe New York mit dem seltsamen Namen Fleischman. Es ist eine Anlage mit neunzehn Wohnungen, die in den Ferien, aber auch zu Feiertagen vermietet wurden, meist an orthodoxe jüdische Familien. Gerda wurde von diesen Gästen keines Blickes gewürdigt, was sie heute noch ärgert, schließlich habe sie die ganze Arbeit getan und hatte immer alle Hände voll zu tun. Inzwischen hat sie die Feriensiedlung verkauft, verbringt den Sommer aber noch immer dort, wo sie viele Leute kennt und die Luft ihrer Lunge zuträglicher ist als im drückend heißen New York.

Meine Großmutter wäre gern einmal zu Gerda gefahren, wünschte sich überhaupt etwas von der Welt zu sehen, aber nicht nur ihre Gehbehinderung und der Mangel an »Westgeld« machten das unmöglich, sondern vor allem die Arbeit meines Vaters bei der Polizei. Er sah es schon nicht gern, wenn sie ihre Schwester in Westberlin besuchte, konnte es ihr aber nicht verbieten. In ihren letzten Lebensjahren gab es Einschübe von Bitterkeit in ihrem meist heiteren, umgänglichen Wesen, kurze, düstere Momente, in denen sie sich bewusst machte, was sie im Leben alles versäumt hatte. Ihr Wille und ihr Herz waren sehr viel stärker als der verfallende Körper, und noch im hohen Alter, als sie uns Angehörige ihrer großen Familie schon nicht mehr unterscheiden konnte, hatte sie furchtbare Angst vor dem Tod. Er widersprach ihrem Wesen zutiefst, ihrer unbändigen Energie, ihrer ständigen Aktivität. Sie widersetzte sich ihm, so lange sie konnte, und ergab sich quälend langsam.

Ich brauche lange, ehe ich wage, Gerda nach dem Tod zu fragen. Sie hat so viele Menschen sterben sehen, in Auschwitz war der Tod allgegenwärtig, aber ich zögere, die Rede auf ihr eigenes Ende zu bringen. Und als wolle sie mich in dieser Zurückhaltung bestätigen, spricht sie sofort über Steven, um den sie sich sorge. Wer solle sich um ihn kümmern, wenn sie nicht mehr da sei? Er habe niemanden und werde in vollkommener Einsamkeit leben.

Am nächsten Tag telefonieren wir noch einmal, und wie so oft, kommt Gerda dann auf ein bereits besprochenes Thema zurück. »Du hast mich gefragt, ob ich Angst vor dem Tod habe.« Sie macht eine Pause, die dem nachfolgenden Satz etwas Unumstößliches gibt. Sie muss in der Nacht noch einmal darüber nachgedacht haben, und ihre Antwort fällt kurz aus. »Nein, ich habe keine Angst vor dem Tod.« Es klingt nicht abweisend, wie Gerda das sagt, sondern so einfach wie eine endgültige Wahrheit.

Ich besuchte Großmutter einmal ungewohnt früh am Morgen, noch vor der Arbeit, vielleicht um ihr etwas vorbei zu bringen. Sie trug noch das Nachthemd, was ihr nicht weiter unangenehm war. Schnell machte sie Kaffee, saß mir dann gegenüber und plauderte. Erst nach einiger Zeit bemerkte ich, dass auf dem hellen Leinen ihres Nachtgewands eine ihrer flachen Brüste lag, als gehöre sie gar nicht zu ihrem Körper, weiß und von tiefen Furchen durchzogen wie ihr Gesicht

Mich schockierte keineswegs der Anblick dieser herausgerutschten Brust, die vier Kinder, meine Mutter, meine Tanten und meinen Onkel, genährt hatte. Aber mich packte die Angst davor, wie peinlich es ihr, dieser stolzen Frau, sein musste, wenn sie bemerkte, dass sie mir so gegenüber saß. Ich sah aus dem Fenster, rührte endlos im Kaffee, sah lange und eindringlich auf die nichts sagende gerahmte dörfliche Landschaft über ihrem Bett, die ihr so gleichgültig war wie die meisten Einrichtungsgegenstände im Zimmer. Endlich bemerkte ich aus dem Augenwinkel, wie sie mit einer Handbewegung schnell ihre Brust wieder unter das Nachthemd schob, tat so, als hätte ich nichts bemerkt und war erleichtert, dass sie es zu glauben schien.

Sie blieb immer eine Matriarchin, eine Herrscherin über die ihren, die sie fürchteten und liebten und während der langen Jahre des Verdämmerns nicht allein ließen. Die Familie, ihre Kinder, waren trotz aller Konflikte und erbitterten Streitereien, die sich manchmal über Jahre hinzogen, ihr ein und alles, ihr ganzer Stolz. Sie hatte im Krieg kein Kind verloren, hatte alle studieren lassen und dafür gesorgt, dass aus ihnen »etwas geworden« ist.

Als meine Großmutter im Jahr 2000 im Alter von einundneunzig Jahren starb, fasste die kleine Kapelle auf dem Friedhof am Prenzlauer Berg kaum alle Gäste. Die meisten der Trauernden verdankten ihr die Existenz.

Später besuche ich Dorle, Hildes Tochter, in ihrer großen Charlottenburger Wohnung. Ihr Mann Johnny sucht alte Super-8-Filme heraus, die er in den sechziger Jahren gedreht hatte. Als Westberliner hatten sie ständigen Kontakt zu Gerda, besuchten sie in New York. Sie haben zusammen mit ihr einen Urlaub in Jugoslawien verbracht, irgendwann in den Sechzigern. In ausgeblichenen Farben sieht man Gerda in der Tür einer Hotelanlage. Sie hat das Haar modisch hoch toupiert und winkt mit komischer Verlegenheit ab, als sie die Kamera bemerkt. So könnte ich sie damals in Ostberlin auch gesehen haben, es müsste etwa der Zeitpunkt unserer ersten Begegnung gewesen sein.

Der Film rattert weiter und zeigt jetzt die Straße vor dem Mietshaus, in dem wir sitzen und in dem Dorle schon seit Jahrzehnten wohnt. Ihr Ehemann Johnny, der immer ein eleganter Herr war, gut gekleidet, wie es sich in dieser Familie gehört, führt Hilde und meine Großmutter zum Eingang. Es muss also einer der Westbesuche gewesen sein, bei denen wir sie so gern begleitet hätten. Die Frauen haben sich links und rechts bei Johnny eingehakt, sie sind schon alt und sehr klein und laufen unendlich langsam. Meine Großmutter hat eine Hand auf ihren Stock gestützt. Sie wirft den Kopf zurück, sieht zu Johnny hoch, lacht und spricht ununterbrochen. Und obwohl dieser kleine Film keine Tonspur hat, glaube ich sie zu hören: »Da haste dir aba zwee Alte anjelacht« so etwas in der Art wird sie wohl gesagt haben. Hilde läuft ganz still nebenher, sie lächelt in sich hinein und während sich die Schwestern von Johnny geführt langsam vorwärts bewegen, erfasst mich ein warmes Gefühl, das ich ihnen gegenüber niemals hätte ausdrücken können. Beim Anblick dieser so unterschiedlichen Frauen wird mir bewusst, was für einmalige Persönlichkeiten sie waren, jede auf ihre Art unbeirrbar, konsequent und herzlich. Ich weiß genau, was in meinem Leben fehlen würde, wenn es sie nicht gegeben hätte. In dieser weiblichen Familie, in der die meisten Männer tot oder abwesend waren, wuchs ich in der beruhigenden Gewissheit auf, wie stark und sicher diese Frauen waren. Selbst die manchmal heftigen Streitereien in der Familie, die wechselnden Koalitionen der Verwandten, die Kompromisslosigkeit meiner Großmutter, die keine Allianzen gegen sich zulassen wollte, selbst die Jahrzehnte alten Verletzungen und Kränkungen bildeten ein enges, uns alle tragendes Netz, durch das man nicht fallen konnte.

Wie lebte Steven ohne diese Familienfeiern und die Scharmützel, ohne Großeltern, ohne Vergangenheit? Fehlten ihm solche Geschichten, wie meine Großmutter sie so gern erzählte und durch die sich für mich ein Begriff von »Heimat« erst herstellte? Berlin, das in meiner Kindheit rücksichtslos umgebaut wurde und sein Gesicht für immer verlor, existiert für mich so, wie sie die Stadt einst erlebt hatte: Als mein Urgroßvater angeblich die Gardinen im inzwischen verschwundenen Stadtschloss anbrachte, Großmutter den Schauspieler Hans Albers auf der Bühne sah, von dem sie mit leuchtenden Augen schwärmte und meine Ururgroßmutter, eine offenbar harte Geschäftsfrau, einen Gemüsestand in der alten Berliner Markthalle am Alexanderplatz betrieb. Teile dieses beeindruckenden, düsteren Gebäudes standen noch in den Sechzigern. Mit meiner Mutter ging ich dort manchmal hin und fand es immer abenteuerlich, durch die Familiengeschichte mit dem etwas unheimlichen Haus verbunden zu sein.

Steven hat kein Hinterland, das aus solchen Geschichten besteht, ihm fehlen die Legenden, die Verwandten, die man lieben und hassen kann. Zerrieben zwischen einer Mutter, die ihm alles geben wollte, und einem Vater, der alles von ihm verlangte, führt er ein Leben ohne Wurzeln, dem er sich wohl nie ganz gewachsen fühlt. Mit New York verband die kleine, nur auf sich gestellte Familie keine Erinnerungen, nur das Gefühl eines vollkommenen, bedingungslosen Neuanfangs, der keinen Blick zurück zuließ. Vielleicht spüren sie beide, Mutter und Sohn, so etwas wie einen Phantomschmerz der amputierten Vergangenheit.

Ich hätte Gerda gern glücklich gesehen, sie hätte es so sehr verdient. Ihre unbestechliche Aufrichtigkeit erlaubt ihr auch im Alter keine Lebenslüge: »Ich bin in Amerika nicht glücklich geworden«, sagte sie mir einmal. Der traurige Satz schließt das Wissen darum ein, dass die heutige Abwesenheit von Glück die Verlängerung der großen Ungerechtigkeit ist, die ihr vor mehr als sechzig Jahren widerfahren ist und alle Zusammenhänge zerrissen hat, in denen sie sich einst aufgehoben fühlte. Bei jedem Anruf erkundigt sie sich sehr genau nach jedem einzelnen in der Berliner Familie und sagt zum Schluss immer: »Grüß alle, die mich kennen.«

Doch eine unbestimmte Sehnsucht ändert nichts daran, dass Gerda, wenn sie eine Entscheidung treffen müsste, sich mehr als Amerikanerin denn als Berlinerin definieren würde. »Ich habe schwere Zeiten durchgemacht in dieser Stadt. Wirklich gute Erinnerungen verbinde ich nur mit deiner Familie.« Sie habe sich verändert nach dem Lager, auch wenn man das äußerlich vielleicht gar nicht bemerke. Sie sei scheuer, zurückhaltender geworden, fühle sich in der Gesellschaft Unbekannter sehr unwohl und unsicher. »Ohne Spuren geht das nicht an einem vorbei.«

Die Alpträume, die Schweißausbrüche in der Nacht, die plötzlichen Angstzustände hörten irgendwann auf. Aber für Gerda scheint eine Übertragung stattgefunden zu haben, als habe ihr Sohn Steven all das Unausgesprochene und Verdrängte geerbt. »Er leidet mehr als ich.«

Gerda wird heute fünfundachtzig Jahre alt. Ich versuche sie in dem kalifornischen Ferienort, in dem sie den Winter verbringt, anzurufen. Eine junge, unfreundliche Stimme an der Rezeption zeigt keinerlei Erkennen, als ich Gerdas Namen nenne, weder in der englischen noch in der deutschen Aussprache. Ob sie vielleicht inzwischen wieder nach New York abgereist sei, frage ich. Es ist Anfang März, der Winter ist vorüber.

»I think so«, trällert die junge Dame desinteressiert. Aber in New York nimmt niemand den Hörer ab, und ich beginne mir ernsthaft Sorgen zu machen.

Irgendwann gebe ich es auf, rufe wieder in Kalifornien an und habe mehr Glück. Eine andere Mitarbeiterin verbindet mich ohne Umstände. Gerdas Stimme klingt rauer als sonst, matt und ohne Tiefen. Sie ist krank, leidet unter einer schweren Grippe und fürchtet sich vor den Strapazen des Rückflugs in ein paar Tagen.

Angestrengt fröhlich gratuliere ich zum Geburtstag und ernte nur Erstaunen.

»Woher weißt du das?«

»Aber Gerda, ich weiß so viel über dich, da werde ich doch auch deinen Geburtstag kennen.«

»Du weißt mehr über mich als mein Sohn.«

»Für einige Abschnitte deines Lebens mag das stimmen, Gerda.« Ich fühle mich unwohl in dieser Rivalität der Erinnerungen, in diesem Zweikampf zwischen dem Sohn, der nichts weiß und nichts wissen soll, und mir, dem Außenstehenden, der so vieles erfahren hat. Und Gerda schiebt in ihrer bedrückten Stimmung auch den einzigen Entlastungsgrund für mich beiseite, den Glauben nämlich, Steven könnte durch mich erfahren, was seiner Mutter widerfahren ist. »Das Buch wird hoffentlich nie übersetzt. Deutsch kann er ja nicht.« Wir sind wieder ganz am Anfang, dort, wo unsere Gespräche vor Monaten begannen.

»Überhaupt, wen interessiert das alles.« Gerda sagt das, als hätte sie diese Frage noch nie gestellt. Vielleicht ist es die Krankheit, die sie so hoffnungslos macht, aber möglicherweise ist Gerda nur wieder in den Ausgangszustand unserer Gespräche zurückgekehrt. Längst habe ich begriffen, dass ihre lange Sprachlosigkeit und die Detailarmut ihrer Schilderungen etwas ganz anderes sind als Verdrängung, auch wenn sie es so nennt. Gerdas Schweigen ist ihr Schutz vor der Opferrolle, die sie nicht annahm. Sie wollte nicht überleben, um Zeugnis abzulegen, um zu berichten, denn jedes Erzählen hätte die Geschehnisse zu einem Teil ihrer Identität gemacht. Sie hat ihre Erlebnisse abgelegt und nie wieder hervorgeholt, so wie die konservierte Nummer in der Dose. Durch mich war sie gezwungen, dieses Dasein zu verlassen. Jetzt blickt sie sich um und entdeckt sich plötzlich auf einem freien, weiten Feld stehend. Selbst wenn die düstere Stimmung auch dem Augenblick zu zuschreiben ist, dem Unwohlsein, der Unruhe vor der Heimreise nach New York, glaube ich doch den Widerstreit Gerdas immer besser zu verstehen. Zugleich sprechen und schweigen wollen, als ob man etwas gegen den Wind schreit, laut, deutlich und doch unhörbar. Eine Botschaft an den nächsten Menschen, an den Sohn übermitteln, ohne ihm den Inhalt der Nachricht mitzuteilen.

Mir erschien das Erinnern immer als hoher Wert, der außer Frage steht. Erinnere dich, was man dir angetan hat. In fester Überzeugung kam ich zu ihr, als Vertreter dieser Gedenkkultur. Doch wer sagt, dass man sich bedingungslos erinnern muss? Hat Gerda nicht gerade durch das Verdrängen weiterleben können, wenn auch mit Qualen, bis ich mit meiner gut gemeinten Zumutung kam? Diese Widersprüche lassen sich nicht auflösen. Gerda hat sich ihnen ausgeliefert, indem sie rückhaltlos unter Schmerzen erzählt hat. Und ich fühle mich in der scheinbar gesicherten Position abgeklärten Gedenkens für immer erschüttert.

Marisa Rosenthal, Gerdas Nachbarin, eine rüstige Dame auch sie, erzählt mir ganz aufgeregt am Telefon von einigen auffälligen Veränderungen seit meinem Besuch in New York. Anfangs vermute ich, sie wolle nur nett zu mir sein, doch dann erscheint es auch mir als eine kleine, tröstende Sensation, die sie zu berichten weiß.

Marisa ist 1957 aus Argentinien in die USA eingewandert, hat einen Juden, Sohn deutscher Emigranten, geheiratet und ist selbst zum Judentum übergetreten. Mit Gerda ist sie seit fünfzehn Jahren eng befreundet. »Eine ungeheuer anständige Person ist das, eine richtige Lady«, beschreibt sie ihre Nachbarin, und der ehrliche Respekt vor der älteren Freundin ist spürbar. »Aber fragen Sie mich doch. Was müssen Sie noch wissen«, unterbricht sie sich selbst, um gleich fortzufahren: »Gerda ist ein irgendwie sehr privater Mensch, sie erzählt kaum etwas von sich. Und die Nazi-Zeit bleibt aus unseren Gesprächen völlig ausgeblendet. Wir gehen zusammen spazieren, in den Park, wir reden oft und lange miteinander, aber nie darüber …«

Doch jetzt erzähle Gerda plötzlich von sich aus über diese längst vergangenen Zeiten. Und wieder die freundliche Aufforderung an mich: »Sie können mich ruhig alles fragen!« Diesmal schaffe ich es noch, schnell einzuwerfen, wie glücklich ich sei, das zu hören. »Ja, das ist doch wunderbar«, fällt sie sofort ein. Selbst ihre große Liebe habe sie unlängst erwähnt, ich wisse schon, dieser verheiratete Mann, damals in Berlin. Wenn Gerda zum ersten Mal Barothy vor Dritten erwähnt, dieses lange schamhaft gehütete Geheimnis, kann jenseits der lebenslangen Reue etwas in Bewegung geraten sein.

Aber auch Marisa bemerkt an Gerda diese Zerrissenheit. Einerseits schmerzen die Erinnerungen, andererseits freue sie sich über die Zuwendung, das Interesse an ihrem Leben und öffnet sich mehr als in all den Jahren zuvor. Diese Veränderungen verdecken nicht die Melancholie, die sie immer öfter an ihrer Nachbarin bemerkt habe. Gerda denke immer wieder darüber nach, was mit ihr geschehen werde, wenn sich der Gesundheitszustand verschlechtere, sie sorge sich um den Sohn. Ein glücklicher Mensch sei sie wohl nicht, ob auch ich das so sehe.

»Ja, das sehe ich genauso«, kann ich noch sagen und würde gern hinzufügen, wie froh ich bin, dass sie, Marisa, ihre Nachbarin sei, aber dazu komme ich nicht mehr, denn nun erzählt sie mir etwas von Gerda, das völlig neu für mich ist.

Gerda verfolge nämlich mit großer Lust die Börsenkurse. Es mache ihr Spaß, das Auf und Ab zu beobachten, sie sei darin eine regelrechte Spezialistin geworden, deren Voraussagen gar nicht abwegig wären. So habe ich Gerda noch nie gesehen: Vielleicht wäre sie unter anderen Umständen eine erfolgreiche Geschäftsfrau geworden. In der Illegalität hat sie ihr weniges Geld geschickt zusammengehalten und kam damit gut über die

Runden, nach dem Krieg hatte sie das kleine Unternehmen für Pelzwaren mitgegründet, das eine Zeit lang gar nicht schlecht funktionierte. Ich kann mir dennoch Gerda vor dem Börsen-Channel nur schwer vorstellen und frage sie am Telefon, ob sie wirklich Freude daran habe, die Kurse zu verfolgen. Oh ja, lacht sie und fügt mit ihrem trockenen Humor hinzu, es mache ihr Spaß zu sehen, wie ihr Geld verschwinde, denn sie habe einiges angelegt, das sich Schritt für Schritt in Luft auflöse.

9. Tag: New York, 19. Oktober 2004

Es ist ein schöner, sonniger Herbsttag, mein letzter in New York. Gerda bringt mich zur U-Bahnstation, wir gehen langsam ihre Straße entlang, dann führt ein schmaler Weg bergauf zwischen zwei Ziegelhäusern hindurch. Die Gebäude imitieren den englischen Landhausstil, vor die Mauern wurden Fachwerkfassaden geblendet, eine prachtvolle, düster-romantische Anlage, dicht bewachsen. »Hier wollten wir mal einziehen.« Gerda atmet schwer, das Asthma macht ihr zu schaffen. Sie hat sich bei mir untergehakt. »Für Juden war damals absolut kein Reinkommen in diese Wohnungen. Da sind wir eben eine Straße weiter gezogen.«

Der Weg führt zu einem winzigen Park. Eine Synagoge steht an der Seite. Sie ist mindestens so alt wie die einst für Juden unerreichbaren Mietshäuser gegenüber. Im Park spielen Kinder, darunter einige farbige. Orthodoxe Jüdinnen sitzen auf den Bänken.

Gerda, noch immer nach Luft ringend, nimmt langsam Platz. Sie scheint hier niemanden zu kennen. Als ich Richtung Station laufe, drehe ich mich noch einmal um. Manchmal weiß man genau, dass sich ein Bild in diesem Augenblick für immer einprägt. Ich werde Gerda sicher noch öfter sehen, es wird ihr später wieder besser gehen, der Atem wird wieder gleichmäßiger sein, die Müdigkeit wird verschwinden. Aber ich weiß, dieses Bild jetzt wird irgendwann das letzte sein, das ich von ihr im Gedächtnis behalte: eine schöne, alte Frau auf einer Bank im Park, mit natürlicher und einfacher Eleganz gekleidet, die auffällt, weil sie inmitten der bewusst reizlos angezogenen Jüdinnen sitzt. Ihre Brust hebt und senkt sich heftig. Sie ist unendlich erschöpft vom Laufen, vom Erinnern und vom Erzählen.

»Ich freue mich, dass du da bist«, hatte Gerda zu mir am Vormittag gesagt. »Ich sehe dich gern, aber ich werde auch froh sein, wenn du wieder weg bist, sei mir nicht böse, aber das sind wirklich harte Tage für mich. Ich werde erleichtert sein, wenn es vorbei ist.« Gerda gehört zu den wenigen Menschen, die unfähig sind, die Unwahrheit zu sagen. Keine freundlichen Schmeicheleien, keine harmlosen Ausflüchte und Notlügen kommen je über ihre Lippen. Darum hat sie mich damals in der Berliner Wohnung meiner Großmutter mit diesem leeren Blick angesehen, der mich so erschrocken machte. Erst jetzt verstehe ich ihn als verzweifelte Abwehr, als ein Ausweichen, weil sie nicht lügen, aber auch nicht reden konnte.

Nun hat sie ihr Schweigen gebrochen, gegen alle inneren Widerstände und Ängste.

Noch weiß ich nicht, dass diese Tage in New York erst der Anfang einer langen Reise sind, auf der ich das Glück habe, Menschen wie Ruth Elias in Haifa und Miroslava Kalibova in Lidice zu treffen, wunderbare Frauen, die wie Gerda furchtbar unter Deutschen gelitten haben und mir ohne alle Vorbehalte, offen und herzlich begegnet sind.

Wie oft habe ich gelesen oder gehört, dass die Nazis ihren Opfern das Leben, aber nicht die Würde nehmen konnten, und längst weiß ich, dass genau das nicht stimmt. Sie haben ihren hungernden, frierenden, erbittert um das Leben kämpfenden Gefangenen oft auch die Menschlichkeit geraubt. Aber auf diese drei Frauen scheint das nicht zuzutreffen. Sie sorgen sich um andere mehr als um sich, haben trotz der Erfahrungen im Lager eine Warmherzigkeit bewahrt, die mich überraschte. Sie sind neue Bindungen eingegangen, haben Verantwortung übernommen. Ihr Vertrauen in die Welt mag erschüttert sein, ist aber nicht gänzlich zerstört. Es gibt sicher Überlebende, die anders auf mich reagiert hätten, es gibt Selbstaufgabe, Verzweiflung, Selbstmord noch nach Jahrzehnten. Aber diese drei Menschen haben sich mit ihrer ganzen Kraft wieder in das Leben geworfen, das für sie einen unschätzbaren Wert an sich darstellt, sie haben geheiratet, Kinder bekommen und eine Normalität für sich und ihre Familien gesucht, obwohl die Verwundungen immer spürbar blieben.

Bei diesem Abschied im Park spüre ich genau, was Gerda mir mitgab: Menschen, die ich liebe, wie Tante Hilde oder meine Großmutter, sind mir durch sie noch näher gekommen. Indem sie mich ins Vertrauen zog, hat sie etwas in mir gelöst, eine Beklemmung und Verkrampfung, die das Reden über den Holocaust fast unmöglich machte.

Jetzt ist es so gut wie vorüber. Gerda, die müde auf dieser Parkbank sitzt, hat nichts mehr hinzuzufügen. Manches Detail wird ihr in den nächsten Wochen am Telefon noch einfallen, manches wird aus Akten und Aussagen zutage treten, doch im Kern wird sich ihre Geschichte nicht mehr ändern.

Sie winkt mir zu, ein Abschied nach getaner, ungewohnter Arbeit, die sie schweren Herzens auf sich genommen und gewissenhaft erledigt hat. So ist es gewesen. Was ausgesprochen werden kann, ist gesagt worden.

Literaturliste

Adler, Hans/Hermann Langbein/Ella Lingens-Reiner: Auschwitz. Zeugnisse und Berichte, Hamburg 1994

Agamben, Giorgio: Was von Auschwitz bleibt, Frankfurt/Main 2003

Aly, Götz: Im Tunnel, Frankfurt/Main 2004

Amery, Jean: Jenseits von Schuld und Sühne, Stuttgart 2000

Benz, Wolfgang/Hermann Graml/Hermann Weiß Enzyklopädie des Nationalsozialismus, München 1997

Benz, Wolfgang: Was ist Antisemitismus?, München 2004

Browning, Christopher R.: Ganz normale Männer, Hamburg 1993

Caplan, Sophie: A Unique Case of Survive during the Holocaust, unveröff. Manuskript im Zentrum für Antisemitismusforschung, Berlin

Delbo, Charlotte: Trilogie, Basel, Frankfurt/Main 1990

Dirks, Christian: Greifer. Der Fahndungsdienst der Berliner GESTAPO, in: Meyer, Beate/Hermann Simon (Hg.): Juden in Berlin 1938–1945, Berlin 2000

Distel, Barbara (Hg.): Frauen im Holocaust, Köln 2003

Elias, Ruth: Die Hoffnung erhielt mich am Leben, München 1988

Fühmann, Franz: Zweiundzwanzig Tage oder Die Hälfte des Lebens, Rostock 1973

Hilberg, Raul: Die Vernichtung der europäischen Juden, Frankfurt/Main 1990

Kogon, Eugen: Der SS-Staat, München 1974

Kwiet, Konrad: Ich habe mich durchs Leben geboxt! Die unglaubliche Geschichte des Bully Salem Schott, in: Kaplan, Marion/Beate Meyer (Hg.): Jüdische Welten, Göttingen 2005

Kubica, Helena: Man darf sie nie vergessen, Staatliches Museum Auschwitz-Birkenau 2002
Kubica, Helena: Kinder und Jugendliche im KL Auschwitz, in: Auschwitz, 1940–1945, Band II, Staatliches Museum Auschwitz-Birkenau 1999
Levi, Primo: Ist das ein Mensch?, München 1992
Orth, Karin: Das System der nationalsozialistischen Konzentrationslager, Hamburg 1999
Rees, Laurence: Auschwitz. Geschichte eines Verbrechens, Berlin 2005
Stehlík, Eduard: Lidice – Geschichte eines tschechischen Dorfes, Prag 2004
Steinkamp, Peter: Lidice 1942, in: Ueberschär, Gerd R. (Hg.), Orte des Grauens, Darmstadt 2003
Steinbacher, Sybille: Auschwitz. Geschichte und Nachgeschichte, München 2004
Völklein, Ulrich: Josef Mengele, Göttingen 1999
Welzer, Harald/Sabine Moller/Karoline Tschuggnall: Opa war kein Nazi, Frankfurt/Main 2002
Wyden, Peter: Stella, Göttingen 1993

Dank

Ich danke Gerda Schrage, geborene Rother, für ihren Mut, ihre Zuwendung und ihre Geschichte.

Dank an alle, die mich ermutigt und mir geholfen haben:

Meine Frau Cornelia Elstermann
meine Mutter Helga Elstermann
Dorothea Specht geb. Prager, Berlin
Monika Nakath,
    Brandenburgisches Landeshauptarchiv, Potsdam
Maren Eißmann, Berlin
Familie Dreher und Familie Kauth, Konstanz
Julian-André Fink,
    Militärgeschichtliches Forschungsamt, Potsdam
Helena Kubica, Museum Auschwitz-Birkenau
Nicola Galliner, Jüdische Volkshochschule Berlin
Sybille Grosse, Berlin
Susanne Bader, Berlin
Bianca Welzing, Klaus Dettmer, Landesarchiv Berlin
Anke Westphal, Berlin
Miroslav Vacek, Kladno
Sybille Steinbacher, Bochum
Helmut Semmelmann, Berlin
Kerstin Lehmstedt, Berlin
Beate Kosmala, Zentrum für Antisemitismusforschung Berlin
Wolfgang Gerstner, Maximilian-Kolbe-Werk Freiburg
Jürgen Klöckler, Stadtarchiv Konstanz
Regina Kraus, Baden-Baden
Ingrid Kirschey-Feix, Berlin
Konrad Kwiet, Sydney
Vaclav Zalenka, Lidice